沖縄(本)島略図
伊江村
伊江島
水納島
瀬底島
東シナ海
万座毛
恩納村
金武町
谷村
(石川市)
金武湾
嘉手納町
沖縄市
うるま市
(具志川市)
北谷町
宜野湾市
(与那城町)
(勝連町)
平安座島
那覇市
普天間飛行場
北中城村
浦添市
中城村
浜比嘉島
那覇空港
首里
西原町
中城湾
南風原町
豊見城市
与那原町
津堅島
(東風平町)
(佐敷町)
(知念村)
糸満市
(玉城村)
(具志頭村)
南城市
久高島
喜屋武岬
荒崎
摩文仁
八重瀬町

沖縄
憲法の及ばぬ島で

記者たちは何をどう伝えたか

朝日新聞記者
川端俊一 著

高文研

はじめに

2016年6月、梅雨明け間近い沖縄を訪ねた。

本島北部・名護市辺野古《へのこ》へ。アメリカ軍キャンプ・シュワブのゲート前では新基地建設に反対する人々の集会が行われていた。これまでに何回ぐらい来ただろうか。ここへ来るたびに、この国の「戦後」というものが見えてくるような気がする。その思いが、この物語を書き始めた私の動機でもある。

本書では、沖縄と「ヤマト」（本土）それぞれの新聞報道を土台に、その時代に生きた人々の視線を通して見た戦後沖縄の道のりを綴った。主には沖縄の取材現場にいた新聞記者たちの証言、もしくは記事の中で取り上げられた人々の言葉をたどることで、今に至る時代の流れを描こうと試みた。

そして戦後日本の「憲法」の意味を沖縄の人々の視座から見ようとしたことが、もう一つの試みでもある。

先の大戦で敗退した日本は、新たに施行された憲法の平和主義のもとで歩みを始めたが、アメリカ軍の攻略を受け、地上戦場となった沖縄は、戦後もアメリカの支配下に置かれたまま強大な軍事基地に生活の場を奪われた。人権は保障されず、「平和国家・日本」とは真逆の道を歩まなければならなかった。占領27年を経て日本への「復帰」を果たすものの、広大な基地は今も存在し、憲法

第９条の理念との乖離《かいり》はなお続いている。

そのことを「ヤマト」の新聞、メディアはどれだけ深刻に受け止め、伝えたのだろうか。両者の間には埋めがたい意識の溝が依然存在し、それこそが、「基地問題」といわれる沖縄社会の苦悩の最大の原因ではないか、と思う。

私は80年代から朝日新聞の記者を務めている。入社９年目の１９９４年４月、沖縄の県紙、沖縄タイムスとの交流人事で同社の記者となり、朝日新聞に戻ってからは那覇支局員として、計3年間、沖縄で取材をした。以来、東京に転勤した後も沖縄を訪ね、その関わりは20年以上になる。

かつて朝日新聞は沖縄に関する新聞報道の歴史において、先駆《せんく》的な役割を果たしたことがある。サンフランシスコ講和条約が締結され、敗戦国日本が再び主権国家として独立を果たした後の１９５５年のことだ。1月13日付の朝刊で「米軍の『沖縄民政』を衝《つ》く」と題する大型記事を社会面の大半を使って掲載した。

「敗戦から十年、日本本土はまがりなりにも独立したが、沖縄諸島はいまもって米軍の重要軍事基地として、その管理下にある。このため沖縄島民は、いまなお占領下にあるかずかずの苦難を味わっているといわれる」

そのような書き出しで始まる記事は、法律家や学者らでつくる「自由人権協会」の調査にもとづいて、アメリカ軍に土地を接収されながら十分な地代も受けられず、抑圧と貧困にあえぐ〝本土から取り残された人々〟の姿を伝えたものだった。

記事を執筆したのは当時30代の社会部記者、故・岩下忠雄氏。掲載されるや大きな反響を呼び、岩下氏が生前、書き残した手記によると、本土に在住する沖縄出身の人々からの激励文が連日のように束になって社会部デスクに届けられたという。その時代、沖縄に関する情報は現在とは比較にならぬほど少なく、そして新聞の影響力は今よりもはるかに大きなものだった。

岩下記者はアメリカ極東軍司令部から厳重な抗議を受けるが、事実は確認済みと反論し、アメリカ軍側もそれ以上は非難できなかったという。

この記事は、全国に「沖縄」を認知させるきっかけになったと今も地元で高い評価を受けている。「占領下」を脱して3年足らずの日本において、新聞は言論機関として権力に向き合おうとしていた。それから60年余。日本社会における新聞の存在感も変った。先輩たちの格闘の足跡に今の私たちはどれだけ迫れているだろうか。そして次第に深刻になっていく沖縄と「ヤマト」のメディアの差異は、どこに由来しているのか。

沖縄本島中部・宜野湾《ぎのわん》市にあるアメリカ海兵隊普天間《ふてんま》飛行場の移設が問題になって、20年を超えた。名護市辺野古の沿岸部を埋め立てて新たな軍用飛行場を建設することで移設を完了しようとする日本政府に対し、新基地建設に反対する沖縄県は行政としての抵抗を試み、反対運動も続いている。国と県による訴訟は、いったんは和解には至ったものの、本質的には何も終わっていない。

過重な基地を狭い県土に負わせられることに対し、近年、沖縄では「差別的」という批判が増えてきた。そもそも普天間移設問題がどのような経緯で始まったのか。それさえも多くの日本人の記憶から遠ざかりつつあるように見える。

辺野古に新基地を建設すれば、戦後１００年にわたって外国軍隊の基地を抱えることになる――。

かつて外務大臣を務めた河野洋平氏が語った言葉だ。社会、自民、新党さきがけ3党による連立内閣、村山富市政権の時に日米外交を中枢《ちゅうすう》で担った人物が今、その行く末に危惧を抱いている。沖縄という身体の一部に現出した「基地問題」という症状は、言うまでもなく沖縄から発した病《やまい》ではなく、もととなる病原は「戦後日本」そのものにあり、もはや対処療法での快癒《かいゆ》は困難になった。その危惧とともに、私自身が属する本土マスメディアへの危機感が拭えずにいる。

２０１５年10月から翌年2月にかけて私は朝日新聞で、連載「新聞と9条―沖縄から」を執筆した。本書は新たな取材とともに大幅に加筆し、再構成して完成させた。過酷な沖縄の現実に苦悩を抱きつつ、時代を駆け抜けた人々の物語である。

❖——もくじ

第二章　ベトナム戦争の影

第三章　沖縄と「ヤマト」の乖離

第四章　「復帰」への道のり

第五章　見えざる障壁

第六章　憲法からの「疎外」

写真提供：沖縄タイムス社／琉球新報社／共同通信社
大城弘明／山城博明／比嘉豊光
山岸豊治／目崎茂和
沖縄観光コンベンションビューロー（ＯＣＶＢ）

装丁：商業デザインセンター・山田　由貴

第一章

憲法の及ばぬ地

✣憲法記念日の制定

この物語を、いつの時代から書き始めるか。

そのことを考え、50年前のある出来事に行き当たった。

沖縄がアメリカに支配されていた時のその日のことは、今は地元でも記憶している人は少なく、ささやかなエピソードかも知れないが、現在につながる歴史の一齣《ひとこま》として大切な意味を持つように思う。

２０１５年夏、那覇市の泊港に近いビルにある事務所に、古堅実吉《ふるげんさねよし》を訪ねた。86歳。衆議院議員を長年務め、15年前に政界を引退した。

半世紀前のあの日のことを古堅は語り始めた。

復帰前、１９６５年3月16日、当時の沖縄の議会である琉球立法院の議場。

居並ぶ議員たちを前に古堅は緊張が高まるのを感じながら演説を始めた。この時、35歳。野党・沖縄人民党に所属する議員である。

U字形に並ぶ議席から背広姿の議員たちが見つめる。登壇した古堅は用意した原稿を読み上げた。

沖縄県立図書館に残る立法院会議録によれば、演説はこう始まった。

「ただいま議題となっております住民の祝祭日に関する立法の一部を改正する立法案について、その骨子と提案の理由について申し述べたいと思います」

議題は祝祭日の制定についてである。復帰前の沖縄の休日は、1961年に公布された「住民の祝祭日に関する立法」で決められていた。成人の日（1月15日）、天皇誕生日（4月29日）、文化の日（11月3日）など本土と同じ日のほかに、慰霊の日（当時は6月22日）も制定されていた。しかし、この時まだなかった祝祭日が、5月3日の憲法記念日だ。それを沖縄でも祝日にしよう――という議案の趣旨説明だった。

立法院の審議で質問に立つ古堅実吉さん［1961年 本人提供］

発議したのは人民党、沖縄社会大衆党、社会党の野党と無所属議員の計11人。発議者を代表して古堅は説明に立った。

まず憲法の理念を掲げた前文を引用し、こう語りかけた。

「すなわちこの新憲法は第二次世界大戦のもたらした筆舌に尽くしがたい、おそるべき結果の中から、再びそのような戦争を引き起こすがごときことのないようにという重大な決意に基づいて制定された平和憲法

であり……」（立法院会議録）
アメリカ支配のもと主権在民から縁遠い沖縄の現実の中で、人権が尊重される社会への願いは切なるものだった。
「日本国憲法がわれわれ県民の憲法ではないと考えている県民はいないだけでなく、全県民は憲法がわが沖縄にも適用される日の一日も早からんことを心から願い続けているというのが実際であります」（同）
そしてこう続けた。
「憲法記念日を設け、憲法のわが沖縄への適用を期して戦かうことは、二十年にわたるアメリカの支配を打ち破り、祖国復帰をかちとる道に通ずるものであります」（同）

✣「復帰」へのうねり

古堅が、議会で憲法記念日の制定を求めたのはこの時が初めてではない。その4年前の立法制定の時の審議でも意見を述べている。

「憲法記念日を祝うということは、私たちが日本国の行政権下に帰らなければならないという気持と全く相一致するものであり、而《しか》もこの憲法は平和憲法としてわれわれが守らなければならない多くの民主的な規定を含んでいるものでありまして……」

その時はほかの議員からは一顧《いっこ》だにされなかったが、古堅の思いは強まっていた。

太平洋戦争末期、沖縄は、アメリカ軍の大規模な侵攻を受けた。１９４７年、日本では新憲法が施行されるが、アメリカは軍事基地として沖縄を占領し続ける。

憲法とは、権力を抑制するものである。だが、その力は沖縄には及ばなかった。

アメリカ軍が設置した「琉球列島米国民政府」（ＵＳＣＡＲ）が沖縄を支配し、その下に沖縄の人々による「琉球政府」が置かれ、その立法機関が「琉球立法院」だった。７年後の１９７２年に日本への復帰を果たすが、当時はまだめども立っていなかった。

復帰前のことを古堅は回想する。「アメリカは、支配地を『琉球』と呼び、日本式の呼び名の『沖縄』を使おうとしなかった」

１９５０年代、裁判所の職員だった時、労働組合を結成した。その際、組合名にあえて「沖縄」の一語を入れようとしたら、同僚たちが「過激だ」と反対したという。ＵＳＣＡＲからにらまれるのを恐れたためだ。

沖縄戦の時、15歳の古堅は沖縄師範学校の生徒だった。鉄血勤皇隊《てっけつきんのうたい》の一員として弾雨《だんう》の中をかいくぐり、本島南部・摩文仁《まぶに》の激戦地をさまよった。海岸まで追い詰められ、アメリカ兵に捕らわれてハワイの捕虜収容所で敗戦を迎えた経験を持つ。

古堅にとって「９条」は戦後の原点であり、アメリカ支配から脱する戦いの象徴でもあった。

記念日制定に向けて4年越しの苦闘を重ね、野党・沖縄社会大衆党（社大党）の有力議員、平良《たいら》幸市《こういち》（後の沖縄県知事）らに話を持ちかけ、野党側議員の共同提案の形をとった。だが、29人の立法院議員の大半は与党・民主党が占めている。後の沖縄自由民主党である。もとはアメリカとの協調を掲げた政党だ。日本の記念日を祝日とすることに、どんな厳しい反問が繰り出されるだろう。

演説を終えた古堅は身構えながら議場を見渡した。

「質疑に入ります。質疑ございませんか」

議長の問いかけに与党席から声が響いた。

「質疑なし」

緊張感がほどけていった。

憲法の及ばぬ沖縄で、5月3日を憲法記念日に、という野党からの議案は付託された行政法務委員会でも異論は出ず、その年4月9日の本会議で全会一致で可決される。琉球政府主席の松岡政保は同月中に改正案に署名し、公布した。

ハードルはもうひとつあった。「統治者」であるUSCARには立法院が可決した議案に対する拒否権があった。だが、行政主席に委任する形をとり、拒否はしなかった。

こうして1965年5月3日は、沖縄で初の憲法記念日となった。

「やっとここまで来られた」

何かが変わりつつあるのを、古堅は感じていた。

✣「記念日」の表情

初めての憲法記念日を迎える沖縄の人々の表情を、当日の朝日新聞はこう伝えている。

「『いままでは学校で憲法の話を聞いてもピンとこなかった。しかし記念日ができたのでなにかわかるような気もしてきた』という高校生の意見もある。また『記念日ができただけでは十分とはいえない。だが自分たちを保護してくれるのは日本国憲法だという目安だけはついた。これからはその目標をにぎれるように努力せねば……』という公務員もいた。(中略)ある女子事務員はこういっていた。『三日ははじめての憲法記念日でしょう。だから家で一日かけてジックリと憲法の条文を読んでみますわ』。

三日、沖縄では家々の軒に日の丸があがる。その下でこの娘さんは六法全書をひもときながら静かに〝人権〟と〝平和〟の味をかみしめることだろう」(5月3日付)

多くの人にとって憲法はまだなじみの薄いものではあったが、地元紙・沖縄タイムスは社説でこう訴えている。

「むろん、憲法記念日を設定したからといって、直ちに実質的な変化が期待できるものではない。憲法の保障する基本的人権の享有、その基盤をなす民主主義と平和主義が、沖縄を訪れるわけでもない。けれども、憲法の理想と沖縄の現実との間に、大きなギャップがあることから、むしろある面では、憲法に対する意識は、強いものがあるのではないかと思われる」(5月3日付)。

古堅は当時を振り返り、「記念日を祝うという雰囲気ではなかった」と語る。

1952年、サンフランシスコ講和条約が発効し、敗戦国・日本は独立国としての主権を取り戻すが、沖縄や小笠原、奄美は切り離され、沖縄は同条約3条にもとづくアメリカの施政権下で「基地の島」となる。

50年代、アメリカ軍は軍事基地を拡大するため、住民から強制的に土地を取り上げた。「銃剣とブルドーザー」と呼ばれる接収だ。人権は保障されず、経済成長を続ける日本本土との格差は広がっていった。そしてUSCARの下に置かれた琉球政府を統括する行政主席は、アメリカ軍人が務める高等弁務官などが任命する。住民自治と呼ぶにはほど遠いのが沖縄の現実だった。

それでも4年前の立法院では歯牙《しが》にもかけられなかった記念日制定論に、まったく反対がなかった背景には、その間の沖縄世論のうねりがあった。

1960年、教職員らを中心に「沖縄県祖国復帰協議会」が結成された。復帰運動の中核を担う組織だ。62年、立法院は国連と加盟国に対し、施政権返還への尽力を求める決議を採択した。各地で決起大会が開催され、沖縄の人々の復帰への願いは高まりを見せていた。やがて「憲法のもとへ」が復帰運動の合言葉となっていく。

古堅はあの時の思いをこう語った。

「記念日制定によって憲法で保障されるべき権利を勝ち取っていくという意味があった。その議論を巻き起こす契機にしたかったのです」

✣遠くの戦火

初めて憲法記念日が制定された1965年は、沖縄にとっていろんな意味で重要な時期だった。前年の64年、東京でアジア初のオリンピックが開催され、本土は沸きかえる。一方、同じ年、ベトナムで「トンキン湾事件」が起きた。アメリカの艦艇が北ベトナムの攻撃を受けたとされる事件だ。翌65年、アメリカは「北爆」と呼ばれる北ベトナムへの大規模な空爆を開始。沖縄に駐留していた海兵隊をベトナムに上陸させ、本格的に戦争に介入していく。そのことは沖縄の行方に暗く長い影を落としていた。

朝日新聞は、憲法記念日の社説で、「今こそ平和憲法の精神を」と題し、ベトナム戦争の激化と日米安保条約について懸念を示している。

「今日、日本にとって重大問題は、日本が米国との間に安保条約を結んでいる関係から、ベトナム戦争にまきこまれる危険はないか、ということである」（5月3日付）

極東の平和と安全のために、アメリカ軍が日本の基地施設を使用するという安保条約第6条について、「安保条約によって日本が米国に軍事基地を提供しているのは、日本自身の防衛と、極東の平和、安全を確保するためであって、もしこのため、日本にかかわりのない他国の紛争にまきこまれるような結果を招来するならば、それは安保条約締結の目的と相反する結果ともなるのである」（同）。

しばしば問題になってきた「極東の範囲」を論じ、ベトナムと沖縄の基地の関係を取り上げた。

「次に問題となるのは、現に日本の基地から発し、沖縄その他の基地を経由してベトナムに一部

元琉球新報記者、三木健さん

の米軍が派遣せられているといわれるが……」としたうえで、こうした場合が、安保条約にもとづく「『事前協議』の対象となりうるかどうか」ということを問題にしている。

アメリカ軍が、日本を防衛する以外の戦闘作戦行動のために日本国内の基地を使用する際には、事前に日本と協議することが安保条約にかかわる両国の取り決めだ。日本の意思に反して一方的な行動をとることがないようにアメリカに義務づけたものとされる。

だが、その際にいったん沖縄の基地を経由させることで、事実上、その取り決めがないがしろにされるのではないか、という懸念を示したものだ。

ベトナム戦争が激しさを増すなか、沖縄の基地の存在が日本の安全を危うくさせるのでは――。この懸念は後々に沖縄の復帰問題にかかる影となる。

1965年春、沖縄の琉球新報社に三《み》木《き》健《たけし》は記者として入社した。

離島、石垣島の出身。「安保闘争」の時代、明治大学に入学した。憲法に心ひかれ、何度も読み返したという。「安保は沖縄の問題だ」と強く意識していた。

憲法に心ひかれた――。それはアメリカ支配の沖縄を知る新聞記者たちから、よく聞く言葉である。

入社してすぐ東京総局の配属となり、入って早々、部長から初の憲法記念日の特集紙面作りを指示された。それが三木の最初の大仕事となる。

琉球新報は記念日前日の2日付朝刊に3ページにわたる特集を組んだ。その日の紙面は全部で12ページだから、四分の一を「憲法」で埋めたことになる。

特集の1ページ目には憲法全文を掲載。三木は2ページ目を任された。

「戦争否定で出発　敗戦の民族経験から」との見出しを掲げ、憲法制定の歴史から説き起こした。そして当時から国内で渦巻いていた「護憲派」と「改憲派」の動きを見渡したうえで、こう論じている。

「憲法の理想を地上に引き下ろすのがよいか、国情を憲法の水準にまで引き上げるのがよいか。これはもう一度私たちが憲法をかみしめ、身の回りをふりかえって判断しなければならない」（5月2日付）

現代の論争にも通じる主張だ。続く文章に自らの思いを込め、こう綴った。

「このような日本国憲法が、同じ日本国民でありながら、今日に至るも、その恩恵に浴さない沖縄九十六万県民のいることを、忘れてはならないだろう。

あの太平洋戦争のときに流した、沖縄県民の多くの血は、日本国憲法の誕生に寄与したものである。それは憲法それ自身によってつぐなわれるべきものであろう。そしてそのための努力は日本国民ひとりひとりの義務でもあろう」（同）

締めくくりに憲法第12条を引用した。

「この憲法が国民に保障する自由及び権利は、国民の不断の努力によつて、これを保持しなければならない」

当時はファクシミリもなく、東京総局で数日前に原稿を書き上げ、那覇の本社へ郵送した。駆け出し記者として精いっぱいの矜持を込めた文章は、本社のデスクが目を通し、ほぼそのまま紙面に掲載されたという。

それから約10年間、三木は東京総局で勤務を続け、返還交渉を取材。その経過を目の当たりにする。いまの沖縄を見ながら、半生を振り返り、こう語った。

「憲法のもとへ復帰すれば、すべて解決する。そんな甘い幻想につながっていったのかも知れない」

✣首相の訪問

沖縄初の憲法記念日から3カ月後、１９６５年8月19日、総理大臣の佐藤栄作は沖縄を訪れる。現職首相の沖縄訪問は戦後初めてだった。前年11月に首相就任。その前から佐藤は「沖縄返還」に

那覇空港で演説する佐藤栄作首相［1965 年 8 月 19 日 琉球新報社提供］

意欲を持っていたことは知られている。

アメリカ支配はすでに20年に及び、不条理を顧みない日本に対する沖縄の人々の心境は決して穏やかではなかった。

沖縄タイムスは当日紙面の社説を1面トップに置いた。「佐藤首相にのぞむ」と題して綴られた文章に切実さと苦衷がにじむ。

「沖縄の地位は、よく変則的だといわれる。しかし、現在の沖縄の地位は、変則的だという静的側面よりも、みじめな宿命とでもいうか、政治の非情な論理に、ほんろうされている姿に求められるのではないだろうか」（8月19日付）

戦火にさらされ、日本から切り離され、アメリカの統治が固定化されている姿——。

「これは変則というよりも、まさに政治によるほんろうであろう。しかも、このほんろうのなかには、沖縄住民の意思は、みじんも見出さ

れない。（中略）戦後二十年、沖縄の悲劇といえば憲法の保障がなかったことだ、といっても過言ではないと思う」（同）

その年、初めての憲法記念日が制定されたことに触れつつ、「現実の問題として憲法を、わたしたちはハダで感ずることはできない。日本国民として、平和憲法が設定する目標に、その達成に参加しようにも、そこには施政権分離からくる困難が横たわっている」（同）。

佐藤の初訪問の目的は本土と沖縄の一体感を強調することにあった。

社説はこう訴えている。

「なぜ、沖縄は米国の統治下におかれなければならないか、なぜ、基地の存在が民族を分断しなければならないか―そういう、首相からみれば、そぼくともとれる訴えを受けるはずである」（同）

佐藤は沖縄に到着するや、歓迎の「日の丸」と、ベトナム戦争やアメリカ支配の現実に抗議する「赤旗」で出迎えを受けることになり、沖縄の人々の思いを印象づけることになった。

その日の朝日新聞は現地の模様をこう伝えている。

「空港入口で琉球政府が肝いりの『佐藤総理を迎える会』の人達二、三百人が日の丸の旗をふって歓迎したが、すぐ隣あわせに労組や人民党の人達が『ベトナム戦争を中止せよ』『佐藤帰れ』などのプラカードを手に警官隊とちょっぴり押合った。（中略）首相一行が車で通っても、歓声は起らず、大きく手や旗を振る歓迎風景はなく、ほとんど無言。やはり複雑な沖縄住民の歓迎ぶりだった」（8月19日付夕刊）

その夜、佐藤は那覇市のホテルに宿泊する予定だったが、一帯には抗議の人たちによるデモ隊が結集し、行く手を阻まれてホテルに入れず、結局、アメリカ軍基地の中の施設に宿泊することになる。

宜野湾市の普天間飛行場のそばに住む石川元平《げんぺい》はその時20代だった。沖縄教職員会の事務局員で、ホテルに押しかけた人々のデモ行進の先頭にいた。あの時の熱気は今も覚えている。その夜、那覇市内で県民総決起大会が開催された。20年にわたって沖縄をアメリカ支配下に置き去りにしたことに抗議し、返還実現を求めて決議した。

石川は「首相の訪問で基地が固定化される、との不安もあった」。

佐藤の沖縄訪問がひとつの転機となり、単に「祖国復帰」を求めるのではなく、「核も基地もない沖縄」を願う声が次第に高まっていった。復帰後に沖縄県教職員組合の委員長となる石川は当時をそう振り返る。

今、石川の自宅の屋根には、新型輸送機オスプレイの配備に抗議し、「NO　FLY　ZONE」（飛行禁止区域）の旗がたなびいている。

那覇空港に到着した佐藤は、空港でステートメントを発表する。返還へ向けての意欲を次のように述べた。

「私は沖縄の祖国復帰が実現しない限り、わが国にとって『戦後』が終わっていないことをよく承知しております。」

国民が注目する中でのステートメントは、驚きを持って受け止められた。なぜなら当時はベトナム戦争が激しさを増していたころで、軍事基地としての沖縄は重要性を増しており、日本への返還などまだ困難だとみられていたからだ。

沖縄の人々にその言葉はどう響いたのだろう。

8月20日付の沖縄タイムス社説——「基地をみた本土の多くの人たちは、巨大な基地の存在のゆえに、沖縄の復帰は当分むずかしいのではないか、という印象を受けるようである。（中略）戦後を完結させるためには、基地の規模や役割りに圧倒されることがないよう望みたいのである」

同じ日の琉球新報社説——「基地と施政権の分離は、そう簡単にわりきれないという。けっきょく、きのうの首相の発言からすると（中略）日米協調による復帰の促進という抽象的なものとなっている。しかも、その日米協調は、本土・沖縄一体論による沖縄基地の重要性を強化する考え方につながり、B52爆撃機の沖縄からのベトナム出撃による沖縄住民の戦争に対する不安を取り除くだけの説得力を持っていない」

復帰への切望とともに、民の力ではどうにもならない「基地」の存在に対する不安が溢れている。

✣改変された草稿

沖縄訪問の時、佐藤は現地でいくつかの演説を行う。人々が期待と不安を抱きながら聴き入った演説の内容は、実は事前に日本政府とアメリカ当局の間で綿密に協議されていたことが、２０１５年に明らかになった。50年を経て、その内実を記した外交記録文書が外務省から公開されたからだ。

記録によれば、空港での演説と、初日に那覇市で開かれた琉球政府主催の歓迎大会での演説の原稿は、事前に東京のアメリカ大使館に示されていた。当初の内容は、教育や社会福祉、公衆衛生、産業対策への援助の取り組みを表明することなどが中心だった。

訪問の2日前、大使館の参事官ザヘーレンが原稿の内容に注文をつけてきた。東アジアの問題に詳しい外交官だ。

8月17日付で外務省北米課が作成した外交文書によれば、ザヘーレンの要請は次のような内容だった。

「自分の感じたことを云わせていたゞけば沖縄の戦略的・軍事的重要性に対し言及されていないことは何とかならないかと思う。自分としては沖縄が極東全般のみならずとくに日本の防衛にとって有する重要性を認識するとの趣旨を総理が述べられることを強く希望するものである」（外交記録）

沖縄滞在中、佐藤の演説はほかにも予定されていた。外務省は、初日の演説は「沖縄住民の歓迎に応える目的」として米側の修正要求をいったんは断る。

だが、ザヘーレンは「沖縄の軍事基地の、特に日本自身の防衛に有する重要性について総理が強調されることを期待するものである」と引き下がらない。

翌朝、外務省を訪れた米公使エマーソンはさらに強硬に修正を要求した。

本国政府より「米国の沖縄施政に対し、ｄｉｓｐａｒａｇｉｎｇ（おとしめている）である」として改訂を求めるよう訓令を受けたと言い、このままでは「沖縄に関する日米協力関係に障害がありうる旨を伝えるよう訓令してきた」と述べた。

外務省はなお抵抗するものの、アメリカは譲らない。首相の初訪問を機に、日本に対して、沖縄の基地は重要だ、と公式に認めさせようとしていたことがうかがえる。

外交記録によると、到着直後の空港での演説は当初の原案通りで押し通すが、国際通りの国映館で開催された琉球政府の歓迎大会での演説原稿には、新たに２００文字以上が挿入されている。次のような文言である。

「わが国は、日米相互協力及び安全保障条約によって米国と結ばれており、盟邦として互いに相協力する関係にあります。また極東における平和と安定のために、沖縄が果たしている役割はきわめて重要であります。私は、沖縄の安全がなければ、日本本土の安全はなく、また日本本土の安全がなければ沖縄の安全もないことを確信しております……」

こうして演説は沖縄の「軍事的重要性」を強調するものに変えられた。

公開された外交文書の読み解きを続けよう。

訪問2日目、１９６５年8月20日、佐藤はアメリカ軍司令部を訪ね、沖縄を支配下に置く「琉球列島米国民政府」（ＵＳＣＡＲ）のトップ、高等弁務官ワトソンと会談した。

記録によれば、その席での佐藤の発言の中に、目を引く言葉があった。

「沖縄の祖国復帰ということを言っているが、逆に言って日本本土が沖縄に復帰するということも言えるのではないか……沖縄においては明治憲法がいまだ生きているので政府としては大部《だいぶ》仕事がやり易《やす》くなるのではないかと考える」

もとより、この時代の沖縄に明治憲法が適用されているわけはない。これはジョークだったのだろうか。

むしろ、それよりも気にかかるのが「本土が沖縄に復帰する」という言葉である。

会談でその次に話題にのぼったのが、ちょうどそのころ起きていた問題だ。

沖縄のアメリカ軍機が台風を避けて、アメリカ軍と民間機が共用する板付《いたづけ》飛行場（福岡市）に相次いで着陸し、地元からは抗議の声が広がっていた。

この時期、沖縄返還はまだ具体化していないが、4年後の返還合意に伴って、日米安保体制は強化が図られ、同盟関係は新たな段階に入ることになる。

69年11月、日米両政府は沖縄返還に合意した時、佐藤は、ナショナルプレスクラブでの演説で、朝鮮半島有事の際に日本の米軍基地から発進するための「事前協議」の問題に言及。その際には「前向きかつすみやかに態度を決定する方針」と明言する。

この後、沖縄返還が実現に向けて具体化していくとき、「本土の沖縄化」という批判が広がっていく。

会談での発言に、そこまでの意味が込められていたのかどうか、今は知るすべはない。

✣「沖縄防衛」すべきか

沖縄初訪問から7カ月たった1966年3月10日のことだった。参議院予算委員会は佐藤の答弁で紛糾することになる。

そのころ国会論戦の主要テーマは、4年後に迫った日米安保条約の期限だった。

日米両国は60年に安保を改定したとき、その効力の期限を10年に区切り、それ以降は一方が通告すれば1年をもって条約は終了する、と定めていた。つまり、日米いずれかが「やめる」と言えば、安保条約を破棄することができるのである。その期限がくる70年、日本はどうするか。首相訪問で政治課題となった沖縄返還問題、そして戦火が激しさを増すベトナム戦争と重なり合って、与野党のせめぎ合いが続いていた。

質問したのは、社会党の稲葉誠一だった。

「70年安保」をめぐり、ベトナムなどアジア情勢に関する論議に続き、稲葉はこう質問した。

稲葉「沖縄が攻撃を受けたときに、一体日本はどうするのかということですね、このことをお聞きしたいと思うんですが」

押し問答が続いた後、佐藤はこう言い切った。

佐藤「……第一義的にアメリカがこれを守るにいたしましても、私どもも沖縄同胞のために、日本人らしくその一体としての防衛の任に当たる、こういうことは考えられるだろう。それはアメリ力と私どもが十分相談することだ、協議を遂げることだ、これを協議なしに、これは日本だということで私どもも飛び出すわけにはいかない。しかし、この希望を述べれば、必ずアメリカも私どもを入れてくれるだろう、また、入れさすつもりでおりますよ。そういうところがやっぱり日本人らしきことをやると、かように私は思います。（中略）その結果、日本がそれに防衛をしたら、今度は日本が戦争に巻き込まれて攻撃を受けると、こういうことになるのじゃないか、こういう事態を御心配のようですが、それはそのときにならないと、これは私わからないと、かように思います」

これが問題となった。

アメリカ支配下の沖縄が、他国に攻撃されたら、「日本人らしく」一体になって防衛する。であるならば、自衛隊の沖縄出動もあり得る、ということになる。

質問した稲葉は「元検事」という社会党議員にしては異色の経歴を持ち、鋭い舌鋒《ぜっぽう》で知られた。

核心部分をたたみかける。

稲葉「……あなたのお考えを突き詰めていけば、日本が戦争に巻き込まれる危険性があるということも考えられるということになりますね。ならざるを得ないですよ、あなたの考え方でいけば。（中略）それは沖縄に核基地があるからですよ。核がないとしても、軍事基地があって、作戦基地があって、それからベトナムやなんかへ飛んで行っているからじゃないですか。そこに問題が出てくるのではないですか。当然ですよ、論理の帰結として」

戦闘が激化すれば、「基地の島」沖縄は真っ先にねらわれかねない。そこへ自衛隊を出動させれば、日本全体が戦火に巻き込まれる。憲法9条では許されない、というのが稲葉の論理である。対して佐藤は、同胞を見捨てられない、と言う。稲葉も見捨てろと言っているのではなく、沖縄の「軍事基地化」を問題にしている。「海外派兵」に道を開く、と野党は追及した。

では沖縄は「海外」なのか。憲法との関係はどうか。その後の論戦で、「沖縄防衛」と憲法は激しくぶつかり合うこととなるが、その前に、そもそも当時の沖縄は、日本が自ら防衛すべき「自衛権」の対象だったのかどうか。

まさにそのことを、この日の予算委員会で内閣法制局長官、高辻正己が説明している。答弁を要約すると次のような内容だ。

――沖縄は日本の領域であり、武力攻撃があれば日本には自衛権、つまり沖縄を防衛する権利がある。しかし現在はアメリカの「施政権」のもとにある。武力攻撃への対処も施政権の一部であり、沖縄の防衛に当たるのはアメリカである――。

実際、それは60年の安保改定の時に両国で取り決めたことでもある。条約の付属文書「合意議事録」にそう記載されている。

沖縄などアメリカに施政権をゆだねられた島々について、そこが攻撃された場合は、日本は「島民の福祉のために執ることのできる措置」をアメリカと検討する。アメリカは日本と協議し、「諸島の防衛のため必要な措置を執り」かつ島民の福祉を確保するため全力を尽くす、とされている。

つまり安保条約にもとづけば、日本が自衛隊を派遣して沖縄を守るということには、復帰前の時点ではなっていなかった。その点は現在とは異なっている。

そのことに関する国会論戦も初めてではなかった。60年5月、衆議院の日米安全保障条約等特別委員会で、当時の首相であり、佐藤の兄である岸信介が、軍事行動のために自衛隊を出すことは「日本の憲法の建前」から断ると明言している。

過去の答弁と食い違いがある、と野党は追及した。

✣統治の理由

ここで「施政権」について振り返っておきたい。

アメリカが沖縄を統治することができたのは「施政権」を持っていたからである。

時代はさかのぼる。日本の敗戦から6年後の1951年、日本がアメリカなど戦勝国と締結したサンフランシスコ講和条約の第3条を根拠にしている。

条文では、国連の承認のもと、沖縄や小笠原、奄美《あまみ》について「合衆国を唯一の施政権者とする信託統治制度の下に置く」ことを前提に、「領域及び住民に対して、行政、立法及び司法上の権力の全部及び一部を行使する権利を有するものとする」としている。

「信託統治」とは戦後の国連憲章第76条に基づくもので、大日本帝国が統治していたミクロネシアやパラオなどを戦後、アメリカが統治したのがこれに当たる。現在ではいずれも独立している。

憲章によれば、国連加盟国になった地域には信託統治制度は適用しないと定めている。日本は

1956年には国連加盟を果たしており、沖縄がアメリカの信託統治に置かれることは制度上あり得ないことになる。つまり講和条約3条に基づくアメリカの沖縄統治は、すでにその根拠を失っていることになる。

ではなぜ、沖縄の「施政権」をなおアメリカが握っていたのか。

そこには朝鮮戦争の勃発《ぼっぱつ》など当時のアジア地域の不安定な情勢が背景にあった。

講和条約締結の前年、1950年9月24日付の朝日新聞は1面に書いている。

「もしここに戦略的信託統治が確立すれば、米国は依然沖縄を極東の一大軍事基地として、かつ太平洋における安全保障線の重要な一環として使用する完全な権限をもつことになろう」。

東アジアの情勢が好転しないうちは、アメリカが沖縄を「基地」として統治することが、周辺地域の安定に必要という考えが日米双方にあった。

サンフランシスコ講和条約が締結された時の沖縄タイムスの社説は、哀調を帯びた言葉が切なく感じられる。

「條約は調印され琉球の帰属は決定をみた。信託統治が如何《いか》なる形態を以て日米間に協定されるかは條約の発効後となろうが、首相も希望した通りアジアの情勢が安定をみるならば日本の行政権下に戻ることは間違いのないところであつて、これは一に〝アジアの安定〟如何《いかん》に係《かか》つて居《い》る。即《すなわ》ち世界の平和を築き上げることが焦点となる。従つて平和への努力が――如何《いか》に微小のものであるにせよ――琉球住民にとつて忘れてはならない〝ただ一つのもの〟となる」（1951年9月11日付）

後年、沖縄で米軍基地問題を問うとき、「反戦平和」の言葉が一体として語られるようになる。52年4月28日、条約が発効し、日本が主権国家として独立を果たすが、沖縄などはアメリカの統治下のまま。「基地の島」として要塞化が始まる。

60年の安保改定時、アメリカ施政権下の沖縄を「共同防衛区域」に加えるかどうか、が議論となった。政府は、沖縄が攻撃された時は日米が共同して防衛するように改定する考えだったが、憲法上問題があるなどの反対があり、共同防衛からははずれていた。それゆえに佐藤の「沖縄防衛」発言は問題化したわけである。

発言により国会は5日間にわたって空転した。

4日後の3月14日、社会党はこの問題に関する統一見解を発表する。次のような内容だ。

――憲法9条の解釈をゆがめ、拡張している自民党政府でさえ「海外派兵は違憲」と言明している。だがその突破口をつくる抜け道のひとつが沖縄への派兵である。同胞を見殺しにしない道は、祖国復帰を実現し、核基地を撤去させる以外にない――。

沖縄をテコにして自衛隊の「海外派遣」を許してはならないということである。

公明党も過去の政府方針との食い違いを指摘。共産党は佐藤に抗議文を出した。

3月16日の参議院予算委員会で、佐藤は再答弁に立ち、事態はようやく収まった。

佐藤「私は切実な国民感情から率直に申し上げたのであって、万々一の場合でも直ちにわが自衛隊が出動すると結論を下したわけではありません。いまのように施政権をアメリカが掌握している限り、憲法論、条約論、自衛隊法等によりまして、自衛権の発動、自衛隊の出動ができないことは当然であります」

✣論調の隔たり

この問題で国会が揺れている間、本土の新聞各紙の論評はどれも佐藤発言に批判的だった。以下に抜粋してみる。

「首相の精神論は、明らかに飛躍している。それだけでなく、憲法および自衛隊法の制約や、沖縄施政権の現実を度外視した議論とさえいえるのである。むしろ、沖縄に対する国民的心情を満たすためには、精神論の前にまず沖縄の施政権と安保条約との関係を調整しなければならないことになるであろう」（1966年3月12日付毎日新聞社説）

「沖縄にはこれ以外になすべきことが多い。日本の安全保障をめぐって沖縄になお犠牲を求めつづけるとするならば、いっそうである。特に大事なことは、観念的に軍事問題を論ずるよりも、ふだんから沖縄島民の生活水準の向上に努力するという態度である」（12日付読売新聞社説）

「沖縄は極東における米戦略のカナメであるばかりでなく、米韓、米台、米比の各相互防衛条約の適用区域になっている。このため、日本が沖縄の軍事的な防衛に加われば、かえって戦争にまき込まれるという不安が条約審議の過程で表明され、この不安に応えて岸内閣は、沖縄が米国の施政下にある限りその防衛には米国が当る事を確認したのだった。（中略）なしくずし的な海外派兵へ

の道ではないか、という重大な疑惑を残すことになろう」（13日付朝日新聞社説）

何というべきだろうか。

指摘の正否は別にして、これらの社説で語られている安全保障論には、沖縄の人々が抱える苦悩へのまなざしが完全に欠如しているように思える。

では、同じ時期、沖縄の新聞2紙の論調はどうか。当然ながら「本土紙」とは違い、この論議を自らの問題としてとらえている。

琉球新報はこう書いた。

「住民不在の沖縄防衛論争であり、国会はなすべき論争はなさず、いたずらに仮想の問題をめぐって空転しているとの感を抱かざるを得ないのである」（3月14日付社説）

そこから社会党の論法を批判した。

「極論すれば『沖縄などどうでもいいから自衛隊の海外派兵はいかん』と相手や沖縄県民の気持ちも無視してムリやりに論争を自分たちのペースに抱き込み、国会を紛糾に引きずり込もうとする考えがあるのではないかとしか思われない。われわれとしては、沖縄は日本の海外であるとは考えてもらいたくない。（中略）日米安保条約の廃棄ができなければ沖縄もそれに含めよというのが沖縄側の考えである」（同）

そしてこう訴えた。

「いずれにしろ、日本政府国会としては沖縄については想定論争よりもっとなすべきことはいく

らでもあるのである」（同）
沖縄タイムスには、日本の政治、というより日本そのものへの、いいようもない不信感がにじんでいた。
「そういう論議の対象になっている沖縄に住むわれわれにとっては、何ともいえぬ妙な感じを受けるものだ。攻撃されるとか防衛するとか、というよりも、現にそこに住んでいるわれわれとしては、何はともあれ、そういう事態にならぬよう願わざるをえない」（13日付社説）
そこに読み取れるのは、憲法と日米安保が明らかに矛盾することへの懐疑だ。
「平和憲法と自衛の問題では、本土の政治は実に複雑のようだ。一方では憲法第九条による戦争否定と武力放棄、他方では日米の安保条約。これを二元背反体制といっているそうであるが、沖縄に派遣するとか重大な方針変更だと、国会で与野党が極度に対立するのは、それから派生した論争であろう」（同）
続く言葉に失望感がにじんだ。
「それと同次元の、あるいは同質のものではないけれども、防衛論議の対象になっている沖縄自体、沖縄の意思が反映されていない二つの問題にはさまれている格好である。いったい、沖縄が本土から分離されて、攻撃された場合とか何とか、客体という形で論議されている現実は、何が根拠でそうなり、どこで結びついているか、という疑問である」（同）
憲法9条と日米安保。その狭間にある沖縄のありようは時を越えて変化したのだろうか。

✣沖縄違憲訴訟

本土の新聞が、離れた所から「憲法—安保—沖縄」の関係を論じていた時代、日本の憲法に希望を求めて沖縄の人が立ち上がったことがあった。このことも今の沖縄に何か通じるものがあるように思う。

少しだけ時間を戻したい。

佐藤栄作が初めて沖縄を訪問して、翌月の1965年9月7日、沖縄の「法的地位」に関する政府の統一見解が発表された。沖縄と憲法の関係についての考え方である。

当時の新聞報道によれば、この日開かれた閣僚会議で確認されたのは次のような内容だった。

——サンフランシスコ講和条約3条によって沖縄の施政権はアメリカに移っているが、日本に「潜在主権」があることはアメリカ側も認めている。ゆえに憲法は観念的には沖縄にも施行されていると考えられる。だが、施政権がアメリカにあるので、具体的には適用されない——。

アメリカが支配する沖縄に日本国憲法は適用されない。

これが当時の日本政府の考え方である。

前述したようにアメリカの沖縄支配は1951年に日本と戦勝国とが締結した講和条約第3条に基づいている。だが、国会などでは国連憲章に反するなどの疑問が出ていた。日本が国連に加盟した時点で、第3条の前提である「信託統治」は沖縄ではできないはずだ、という指摘があった。

日本は沖縄をアメリカに割譲《かつじょう》したわけではなく、異例の統治形態について、当時の法学者の考えも一様ではなかった。

政府からの回答のひとつが、その統一見解だった。沖縄は「憲法の外」に置かれていることを公式に宣言したことになる。「沖縄防衛」発言が問題になるよりも半年前のことだ。

「これは先制攻撃だな」

琉球新報社の東京総局で取材をしていた三木健はそう思った。なぜなら、まさにそのとき、ある試みが沖縄で始まろうとしていたからだ。

見解発表から2日後の9月9日、東京。

弁護士の鎌形《かまがた》寛之らが東京地裁を訪れ、提訴の手続きをとった。

原告は沖縄在住の8人。そのうち3人は、本土へ渡航しようとした際にアメリカ当局から不許可にされたとして損害賠償を請求した。その一人は沖縄人民党委員長の瀬長亀次郎《せながかめじろう》だ。瀬長はその年4月、神奈川県川崎市で開かれた平和大会に参加するため、USCARに渡航証明書の発給を申請したが、高等弁務官に発給を拒否され、大会に参加できず、政治家として、市民として精神的苦痛を受けたと訴えた。

あとの5人は、原爆投下のとき、広島、長崎にいて、戦後、沖縄に帰った被爆者たちだ。本土の原爆医療法が沖縄には適用されず、医療費の支給を受けられないのは不当だと主張した。

「沖縄違憲訴訟」と呼ばれる裁判の始まりだった。

この日、訴訟の発起人の一人である東京沖縄県人会会長の神山政良《かみやませいりょう》は記者団に語った。

「勝ち負けは度外視しても裁判の過程で沖縄の法的地位が国民の前に明らかにされれば、じゅうぶん効果はあると思う。同じ日本国民なのに沖縄だけが憲法を適用されないのは不合理な話で、今後はこの運動を国民的なものに発展させたいと思う」（1965年9月10日付琉球新報）

だが、取材をしながら三木の気持ちは複雑だった。

「裁判という形でしか改善できないことなのだろうか」

「沖縄違憲訴訟」出廷のため、東京へ向かう瀬長亀次郎氏［1967 年 10 月 20 日 琉球新報社提供］

提訴から2年後、瀬長は11年ぶりに本土を訪れ、東京地裁に出廷して陳述を行った。67年10月21日付の朝日新聞はその言葉を伝えている。

「……いままで十六回の渡航申請をいずれも拒否されてきた。その理由も説明されないし、異議申立てもナシのつぶてだ。これは私だけの例ではない。最近、日本政府は渡航制限の緩和を強調し、私も今回、法廷に出るというので認められたわけだが、まだ、渡航の制限はきびしいものがある」

アメリカ統治下での人権侵害の現状を訴え、こう締めくくった。

「最近、沖縄の核つき返還論などが唱えられているが、沖縄住民の望んでいるのは、基地撤廃と即時、無条件の返還である。裁判官が民族的良心にしたがって公正な判決を下すことを期待する」

もう一人の原告、平良《たいら》康夫は那覇に住んでいる。本土への渡航が不許可となり、留学をあきらめざるを得なかったのが訴えの理由だった。

沖縄にとどまって就職した先は琉球新報社。提訴の時は20代の新聞記者だった。

とくに若い記者にとって取材相手はさまざまな人々がいる。だが、警察幹部であれ、保守系の政治家であれ、違憲訴訟の原告であることを理由に取材しづらかった記憶は一度もないという。

当時を振り返り、こう語った。

「基本的人権が認められてない。それを訴える裁判を、多くの人が立場を超えて理解していた」

✣「基地の島」の被爆者

それから半世紀になる。

那覇市に住む真喜志津留子《まきしつるこ》は90代。被爆者であり、違憲訴訟の原告の一人だ。自らの人生を語ってくれた。

那覇で生まれ、二十歳のころ長崎で暮らすようになった。長崎にいた兄夫婦をたより、やがて父母も沖縄から来て一緒に住んでいた。

１９４５年8月9日、長崎市中心部の勤め先にいた。午前11時過ぎ、一瞬、何かが光り、激しい音がした。空襲と思い、近くの神社へ避難した。それが原爆の投下だった。

兄夫婦は亡くなった。母のオトと父の康善《こうぜん》も被爆した。

オトは原因の分からない、口からの出血に苦しんだ。「沖縄に帰りたい」と言う。ほどなく一家は帰郷した。

故郷は焦土となっていた。やがて津留子も原因不明の激しい疲労感に悩まされる。だが激烈な地上戦の中を逃げまどい、多くの犠牲を出した故郷で、被爆の苦しさを話すことはためらわれた。

生活を支えるため、アメリカ軍基地での雑務の仕事についた。本土の認定被爆者は医療費は無料だが、沖縄では救済策はない。

敗戦から19年後の１９６４年、広島に本社を置く中国新聞社の記者、大牟田稔《おおむた》が沖縄に来て被爆者たちの取材をする。

大牟田は後にこう書いている。

「『沖縄にも被爆者がいる』――この情報を私が伝え聞いたのは一九六三年秋だった。私にとってそれは衝撃だった。迂闊《うかつ》にも、沖縄と広島を結ぶ線を考えたこともなかった自分を恥じ、私は早速沖縄との文通で事実調べを始め、渡航を熱望するようになった」（『ヒロシマから、ヒロシマへ　大牟田稔遺稿集』）

那覇に住む被爆者、真喜志津留子さん

64年8月、中国新聞で連載「沖縄の被爆者たち」が始まった。基地の島で暮らす被爆者の素顔を伝えている。当時、大牟田の取材を受けた津留子は記事の中でこう語っている。

「原爆被爆者はまだまだ〝戦後〟を脱していないと思います。とくに沖縄の場合、私たちも今までにもっと原爆のことを島の内側でも本土へ向かっても叫ぶべきだった——私はこのごろそう反省しているのです」（9月7日付）

掲載された日、東京五輪のための聖火が沖縄に空輸され、国中が祝賀で沸き返る。

当時、沖縄の被爆者は数百人いたとされる。65年の違憲訴訟提訴の時、津留子と母のオトは、ともに原告に加わった。当時、津留子は41歳。

「みんなのためだから。沖縄にも被爆者がいる。訴訟で、そのことを知ってもらえるのだから」

瀬長の陳述の2カ月後、津留子も出廷し、こう述べた。

「沖縄にも遺族援護法などは適用されているが、被爆者には救済措置がとられないのはなぜでしょ

うか。私たちも日本人です」（67年12月15日付朝日新聞）
違憲訴訟は、提訴から11年間にわたって争われるが、復帰運動の一環という意味もあり、復帰後の76年、軍用地使用に関する訴訟に引き継ぐ形で取り下げられた。

✣教育権返還

首相、佐藤栄作が沖縄を初めて訪問し、返還に意欲を示して以後、本土の新聞でも返還問題は重要度が高まり、紙面に「沖縄」が登場する回数は増え、記者たちもニュースを求めて鎬《しのぎ》を削ることになる。


１９６６年8月22日夜、東京都世田谷区。

朝日新聞の堀越作治は、同僚と豪邸を見上げていた。

36歳の政治部記者で、この時、総理府を担当していた。そこは、8月に総理府総務長官に就任したばかりの森清の自宅だ。

我が家とはえらい違いだ――そんなことを考えながら呼び鈴を鳴らし、招き入れられた。

記者が、帰宅後の当局者らを訪ね、公式発表では得られない情報を探る取材手法を「夜回《よまわ》り」という。この日の「夜回り」には目的があった。総理府の特別地域連絡局（特連局）は当時、沖縄の問題を担当。政府にとっても沖縄は重要課題だった。

あるプランが政府内で出ていた。アメリカが沖縄に対して持つ施政権のうちの一部、「教育権」

だけを分離して先に返還させるという案だ。

森は、その3日前まで沖縄を訪問していた。「琉球列島米国民政府」(USCAR)を統括する高等弁務官ワトソンを訪ね、教育権返還の話を持ち出していた。その会談で了承を得たというわけではないが、森自身がそのプランを熱心に進めようとしているのを、堀越はつかんでいた。森は、前年に死去した自民党の大物政治家、河野一郎の派閥の幹部だった。懸案の沖縄返還で手柄を立てたい、という考えだろう。堀越はそう思った。

堀越らを招き入れた森は、自らの構想をとめどなく語り、こう告げた。

「明日、閣議で話をする」

教育権だけの分離返還が可能かどうか、内閣法制局にも確認したという。

しめた!――堀越は思った。森邸を辞去し、近くの公衆電話から社に一報を入れ、車に飛び乗った。

翌日朝刊の1面に載った特ダネ記事「沖縄の教育権返還を　森長官　きょう閣議で強調」はこう伝えている。

「森総理府総務長官は、二十三日の閣議で沖縄訪問の結果を報告するが、その中で同長官は、沖縄の施政権のうち、とりあえず教育権だけを米国から返還してもらうという〝機能別分離返還〟を推進したいとの考えを述べる」(8月23日付朝日新聞)

その上で分離返還について「沖縄の軍事基地を今後も維持していこうという米国の立場を認めた上で、そうした軍事と関係のない教育、戸籍、社会福祉、産業経済などに関する行政権は分離して段階的に米側から返してもらおうという考え方である」（同）。

要するに、ベトナム戦争のさなかに稼働している前線基地には手をつけないというものだ。報道によれば、その日の閣議で、首相の佐藤栄作も支持したとされる。

こうして「森構想」は急浮上する。

沖縄の施政権をアメリカが日本に返せば、基地を自由に使用できなくなる。であるなら、数ある施政権の中で、教育など軍事的機能とは関係のない民生面の権限だけでも日本に返還させよう。それが「機能別分離論」だ。

分離論には、基地と住民の地域を分けて返還させる「地域的分離論」もあり、自民党でもいくつかの案が出ていた。知米派で知られ、後に首相となる宮沢喜一もそれを言った一人だ。当時、月刊誌『世界』（1966年1月号）にこう書いている。

「仮りに米側が、基地は留保するが施政権は全面的に返還するという立場をとった場合、わが国は自国の施政権の及ぶ範囲の中に原子兵器の基地を認めることになる。このような事態は国会が承認しないであろうし、又歴代政府の言明して来たところとも相反する結果となる。

そういう点を顧慮《こりょ》すると、私としては、米国に対して基地とその周辺で最小限必要な道路、港湾施設を安全に保持することを認め、残余の地域について米国が施政権の放棄を宣言する方式の方が現実的ではないかと思っている。この方式によるときは基地とその附属施設以外の地域からは米国の主権が消滅し、自然にそれらの地域はわが国の法域に編入されることになり（国会での立法措置は必要であろうが）、原子兵器基地が存在したままの地域を領土に編入するというむずかしい問題を避けることができる」

復帰前の沖縄にはアメリカ軍の核兵器が貯蔵されていた。つまり、沖縄を基地のフェンスで区切って、憲法が完全には適用されない特別な地域として、核兵器も残したまま返還させるという考え方だ。

堀越の特ダネが掲載された8月23日、総理府総務長官の森は閣議で「教育権返還」を提案した。

朝日新聞は翌日の朝刊の社説で〝期待感〟を示した。

「沖縄の基地撤廃ないし施政権の全面返還が当分望み得ないという情勢を前提に、基地の重要性を認めながらも、漫然と現状を固定化することは日米関係にとって得策ではない、という考え方から、自民党の沖縄対策特別委員会では『施政権の分離返還』のいくつかの方式を検討していた。教育権の返還問題のような機能別分離返還は、その中のひとつである（中略）日米の友好関係を増進するために、米国は教育権を返還するぐらいの政治的決断をおこなうべきであるとわれわれは考える。沖縄住民の祖国復帰の悲願にこたえるためにも、政府が積極的にこの課題に取組《とりく》むことを要望したい」（8月24日付）

基地の存在を前提にした論である。

だが、そもそも教育権返還とはどういうものであるのか。沖縄の学校ではそのころ日本の教科書が使われ、「日本国民としての教育」が行われていた。教育権返還で何がどう変わるのかはややあいまいだった。

官僚同士の駆け引きもあったようだ。総理府のアイデアを外務省は疑問視する。アメリカも難色を示す。その年、駐日大使として来日したアレクシス・ジョンソンは記者会見で否定的な見解を述べた。

「施政権返還一つだけを切離して論議することは困難である。極東の安全性が確保され、沖縄の日本復帰が許されることを熱望する点で米国の右に出るものはないと思う。と同時に、平和条約によって米国が引受けた施策の責任のなかから、一部を取り出すことはきわめてむずかしいことだ」（66年11月10日付朝日新聞）

教育権返還について沖縄の反応はどうだったか。部分的な返還に対して反対論は根強かったが、期待感も出ていた。

復帰運動の中心である沖縄教職員会は11月14日に役員会を開き、激論の末に「教育権」を分離してアメリカから返還させる案を、条件つきながら推進するとの声明を発表した。

その要旨は「新聞報道による森構想が基地強化と引きかえに教育権を返還することには反対である。教育権の返還は……完全復帰を実現する過程のひとつでなければならない……教育権の復帰運動を契機にして、完全復帰の足場をきづかなければならない」（11月15日付沖縄タイムス）。

復帰運動の中心を担う教職員会の影響力は小さくない。翌月には琉球政府の行政主席、松岡政保が上京し、政府に教育権返還の推進を要望した。

だが、こうした沖縄での動きは、施政権の全面返還に向けた「最初の一歩」という意味合いが強く、森構想とは質的にちがっていた。

施政権返還については、密集する攻撃基地に核兵器も配備された沖縄を日本へ復帰させることと、平和憲法をどう両立させるか、が大きな問題だった。森の教育権返還論はその論争を先送りし、沖縄の人々の願いや国民感情を考えての、いわば「ガス抜き」ともいえたからだ。

しかもこの返還方法についてアメリカの態度は依然硬かった。

翌67年1月19日、総選挙の遊説で大津市を訪れた首相の佐藤栄作は記者会見で「一括施政権返還の方が望ましい」と発言。これで分離論は立ち消えになっていく。

「大津発言」と呼ばれるこの時の佐藤の見解を朝日新聞はこう批判した。

「米アジア政策の現状からみて、米国における沖縄の軍事的価値は、より高まっており、沖縄の本土復帰はよりむつかしくなったかにみえる。このような中で、首相は、施政権の分離返還よりも、一括返還が望ましい、と考えるならば……その構想を積極的に明らかにし、選挙戦を通じて、国民の審判を求めるべきであろう」（1月21日付社説）

この社説を読む限り、当時の朝日新聞が、当面は沖縄を軍事基地としておくことを前提に考えていたことがうかがえる。つまり、ベトナム戦争が激化するなかで施政権の全面返還などできるのか、という疑問を示したのである。

取材のため沖縄へ渡航する堀越作治さんに総理府が発行した身分証明書

✣「日本の問題」

特ダネを書いた堀越は同年3月、駐日アメリカ大使館の参事官ザヘーレンに会う機会があった。その時のことを堀越は日記に記している。教育権返還についての考えをたずねると、彼の答えはこうだった。

「一体それだけが目的なのか。それが第一弾で、さらに第二、第三弾があるだろう。つまり段階的に返還を迫ろうとするのだろう。そうして最後は施政権返還ということか。それならはじめから施政権返還が可能かどうかを問題にすべきではないか」

そしてこう言った。

「沖縄の問題は日米間ではなく、日本内部の問題だ」

前にも書いたようにザヘーレンは佐藤の沖縄訪問の際、外務省が用意したステートメントの草稿にアメリカ軍駐留の重要性を盛り込むよう求めた人物だ。一方で、返還問題に関しては日本の主体性を促すような発言をしていたことが、外務省の文書にも記されている。

大津発言より半年前の66年9月、堀越は初めて沖縄へ取材に行き、アメリカ軍の要人たちにインタビューした。その時の記事にこう書いている。

「まず彼らは『極東の平和と安全』を持出す。われわれが日本を守ってやっているのだ――といった口ぶりを嘉手納《かでな》やコザの基地でしばしば耳にした」(10月10日付)

教育権返還については「ベトナム戦争の拡大とともに兵員や物資の輸送基地としての沖縄の重要性は日ましに強まっているようで、一部にせよ、米軍が施政権を手放すのはむずかしい情勢だが、それを承知の上で、現地の人たちの多くは分離返還の推進に立ち上がろうとしている」(同)。

アメリカ軍基地を目の当たりにしての実感でもあった。

この時、本島中部の空軍嘉手納基地を訪ねた。住宅が密集するフェンスの外とは別世界の広大な基地の中で広報担当者にたずねた。

「核兵器は?」

「あるともないとも言えない」という返事だった。

帰路、バスの窓からフェンス際にそびえる巨大な垂直尾翼が見えた。爆撃機らしい。

これほどの巨大な基地をアメリカは返還するのだろうか――。

この時に堀越が感じた懸念は結局、的中することになる。

そして嘉手納基地は返還問題を覆う暗い影だった。

第二章　ベトナム戦争の影

✣未明の大音響

極東最大といわれる嘉手納《かでな》基地は、現在もアジアでのアメリカ空軍の重要拠点である。その敷地は19・85平方キロメートル。東京ドームの約425倍に相当し、沖縄本島中部・嘉手納町の面積の大半を占め、隣接する沖縄市、北谷《ちゃたん》町に広がっている。

1968年11月19日だった。

まだ夜が明けない午前4時過ぎ。基地のフェンスから数十メートルの街中にあった沖縄タイムス嘉手納支局にいた玉城眞幸《たまきしんこう》は、トタン板の雨戸をけたたましくたたくような音で目が覚めた。支局長として間借りの局舎に家族で住んでいた玉城はこの時、27歳。

酔っぱらいでも押しかけて来たのか、と思いながら外に出て、目を疑った。基地の方角で大きな火柱が上がり、見上げた空は真っ赤に染まっている。

核兵器が爆発した――。

すぐにそう思った。復帰前、嘉手納基地のすぐ北側にある弾薬貯蔵施設には、核が置かれているといわれていたからだ。

ほどなく空から砂のようなものがぱらぱらと降り始める。

これが死の灰か――。

玉城は、妻に2歳と生後2カ月の子どもたちを連れて逃げるように言った。だが、妻は「どこへ逃げればいいの？」。

この日、玉城の書いた記事にこうある。

「その瞬間、私はもはや報道人であることを忘れてしまった。いや、思い出す余裕さえなかった。気がついたときには支局から嘉手納署までの約五十メートルの間、家々の雨戸をたたきながら『弾薬庫が燃えた、弾薬庫が燃えた』と大声をはりあげ走りまわっていた」（11月20日付沖縄タイムス）

警察では知り合いの警官が留置場の鍵を開けようか、と悩んでいる。

「被疑者たちが、どうせ死ぬなら出してくれ、と言うんだ。どうする？」

当時、嘉手納はまだ村だった。基地周辺の人々は恐怖の底に突き落とされ、パニック状態に陥った。これで最期と思って晴れ着に着替えた一家もいたという。

玉城の記事はこう続く。

「基地に沿った16号線沿いでは数回にわたる爆発音で目ざめた人たちが火柱を見ながら逃げまどう。病気の母親を背負った若者、寝間着姿の若い女性らが突っ立ってただふるえるばかり……」（同）

支局の周りにも人々が集まってきた。

「その中のひとりは『警察に電話したが自分で適当に考えて下さいと言っていますが、いったいどこに逃げればいいのか、新聞社は知っているでしょう』と問いかけてきた。私もすでに逃げ場所を失なっていた。

あの広大な弾薬庫がつぎつぎと爆発したらもうどこに逃げても逃げられるはずがない。無性に涙

嘉手納基地内でのＢ 52の爆発現場［1968年11月19日 沖縄タイムス社提供］

がでてあまりにも長い時間だった」（同）

多くの人が核爆発と思い込んだ。

再び警察署へ行くと、そこへやって来た署長が言った。

「核ではないらしい」

この日午前4時過ぎ、離陸しようとした戦略爆撃機Ｂ52が滑走路で爆発した。機体の破片が周辺に飛び散り、原野火災が発生。民家の窓ガラスなども破損し、爆風により住民にけが人が出た。

アメリカ空軍の発表によると、事故機は核爆弾ではなく、通常兵器を搭載して発進するところだった。乗員7人のうち2人が重体となったという。

「死の灰」と思ったのは、爆発で巻き上げられた緑地帯の土だったようだ。

だが軍はそれ以上の詳しい内容を発表せず、周辺の道路を封鎖した。限られた情報をもとに、地元の沖縄タイムス、琉球新報はもちろん、本土の各紙も夕刊の1面トップで事故を伝えた。

嘉手納基地にからむ軍用機の事故はこれが初めてではない。

最大の惨事は、それより9年前の１９５９年6月30日、嘉手納を飛び立ったジェット機が石川市(現・うるま市）の宮森小学校に墜落した事故だ。児童ら17人が犠牲になり、２００人以上が負傷した。大やけどを負った児童の一人は、後遺症のため20代で亡くなった。

そのほかにも墜落事故で犠牲者が出ている。

Ｂ52爆発事故の翌日の地元紙、沖縄タイムスは「黒い恐怖と住民の生活」と題した記者座談会を掲載した。

「こんどの場合は基地内だったが、ふきんの民家におちたらどうなるか。全くりつ然とする」

「嘉手納村中が全部なくなっているだろう」

「どんなに重大事件が起こっても本土政府は〝小指の痛み〟ほども感じない。太平洋戦で沖縄を見捨てたのと何も変わらないじゃないか」

「これまで何回も抗議大会を開いたりしてきたが、大衆運動が沖縄だけの範囲でおさまるのか、あるいは果たして本土までゆり動かし切れるのか、現状にぼくは自信を失う」

「沖縄の基地は自由諸国の自由防衛のためだと米国はいう。ところが、そういう考え方の犠牲を沖縄が受け、生命さえおびやかされている現状を、このむじゅんをどう考えるか」

「極東戦略の要石《かなめいし》だというが、これはアメリカからみた場合のカナメであり、アメリカのためで

ある。われわれ沖縄のためではない、日本のためでもないことを理解する必要がある」（68年11月20日付沖縄タイムス）

同じ日の琉球新報は、基地関係者の話として嘉手納基地近くの知花《ちばな》弾薬集積所に核兵器が貯蔵されていると報じた。

「関係者は『もしこの核貯蔵庫に影響して、大爆発でも起こしたら沖縄中が吹っ飛んだかもしれない』と恐怖を語った」（11月20日付琉球新報）とある。

恐れていたことがついに起きた、としか言いようがなかった。

✣取材の不自由

「黒い殺し屋」とも呼ばれたアメリカ軍の戦略爆撃機Ｂ52が嘉手納基地にたびたび来るようになったのは、事故の３年前、「北爆」と呼ばれる北ベトナムへの空爆が始まった１９６５年のことだった。そして爆発事故の９カ月前、68年２月からは編隊で常駐するようになっていた。

Ｂ52には核搭載が可能な機体もある。基地の周りでは爆音も問題になり、撤去を求める住民の声が高まっていた。

北爆開始とＢ52の飛来のころから、取材に対する米軍の警戒は、より厳しくなっていた。

嘉手納基地のすぐ脇に「安保の見える丘」と呼ばれる高台がある。基地を一望できる場所だが、復帰前、そこから撮影すると、アメリカ兵が駆けつけてくることがよくあったという。

かつての支局の前で爆発の模様を語る元沖縄タイムス記者、玉城眞幸さん

玉城はＢ52の写真を撮るため、滑走路近くで車のタイヤを取り換えるふりをして車体の下に潜り込み、カメラを空に向けると、アメリカ兵が近づいてきて、「メイアイヘルプユー？」。

基地の記事が出た日は、支局の前に軍の車が一日中停っていたこともあった。

事故直後はアメリカ軍が基地周辺へつながる道路は通行止めにし、沖縄タイムスのカメラマンは、現場近くに続く川沿いに身を隠して警戒網をくぐり、写真を撮ったという。今、70代の玉城はそのころを振り返ってこう語る。

「記者になったときから、『取材の不自由』は日常だった」

もとより被害を受けるのは沖縄だけではない。Ｂ52は、ベトナムの地に災禍をもたらしていた。

台風を避けるとしてグアム島から沖縄・嘉手納基地へ編隊で飛来したのは65年7月28日朝。その翌日、驚くべき事実が発表された。

「米軍スポークスマンは二十九日の記者会見で、沖縄から発進したB52爆撃機三十機が、同日サイゴン南東のベトコン掃討作戦に参加したと発表した。このB52爆撃機は根拠地のグアム島を台風が襲ったため、二十八日から沖縄に待機していたもので、台風避難のためとはいえ、南ベトナムの戦争に沖縄から直接渡洋爆撃機が発進したのはこれが初めてである。このベトコン掃討作戦は二十八日から開始され、ビエンホアとブンタウにいる第百七十三降下旅団が参加した。爆撃は二十九日午前七時十五分から八時五分までおこなわれ、約五百トンの爆弾を投下した。作戦地域はサイゴン南東五十六キロの地点である」(7月30日付朝日新聞)

アメリカ軍が日本を防衛する以外の目的で日本国内の基地から戦闘作戦行動を行う場合、事前に日本政府と協議することが日米安保条約の取り決めだ。しかし、そのころの沖縄には安保条約は適用されていない。それゆえ、「事前協議なしにここから直接作戦行動に発進しても条約上は問題はない」(30日付同紙夕刊)というのが外務省の見解だった。

B52はその後も、台風を理由に嘉手納へ来ては去っていった。68年2月、またも続々と飛来した。が、この時は様相が違った。グアム島付近に台風はなく、日数が経っても立ち去る気配はない。毎日、編隊で離陸し、また戻ってくる。嘉手納基地のフェンス際に「黒い背びれ」のような尾翼《びよく》が列をなした。

「平日や一日の駐機には慣れていた、ともいえる。しかし今度は違った。驚きと不安はたちまち広がった。五日から六日にかけて、編隊で飛来したＢ52はそのまま居すわったのだ。南ベトナム、朝鮮の情勢の激変がもたらした沖縄の臨戦体制の決定版がそこにはっきり現出した。（中略）Ｂ52の黒い尾翼の列が、いまや、はっきり沖縄の日常に戦争を持込もうとしている」（2月18日付同紙日曜版）

その前月にはデンマーク領グリーンランドで水爆を搭載したＢ52が墜落する事故が起き、世界中を震撼《しんかん》させていた。そこではやがて広範囲に及ぶ汚染が確認される。

2月26日、衆議院予算委員会で、嘉手納の「Ｂ52常駐化」が問題となった。

社会党議員の横山利秋の質問に、首相の佐藤栄作は答えた。

横山「政府はＢ52の常駐に反対しておるのであるかどうか、この際総理の所見を伺いたいのであります」

佐藤「常駐体制、かように言われるが、私は常駐体制をとっておるとはまだ思っておりません」

外相の三木武夫も答弁した。

三木「アメリカとしては……沖縄をＢ52の常駐基地にする意思はないという意向を明らかにしております」。

横山「朝Ｂ52が発進をして夕方帰ってくる。ベトナムまでの往復は四時間、おそくも五時間あれば往復できるのであります。十数機のB52が毎日、日ごと夜ごと発進をしておる状況を見て、これが常駐体制でないからだいじょうぶだというような認識を持っておられるとは……」

政府の説明に納得できるものは何もなかった。

1968年7月2日、サイゴンのアメリカ軍司令部は、沖縄などから発進したB52計75機が、北ベトナム南部に最大規模の爆撃を加えたと公式に発表した。そして11月に嘉手納で事故は起きる。もはや隠しようがなかった。紛れもなく沖縄はベトナム戦争の戦略基地だった。

いったい基地の中で何が行われているのか。その内実を探るため、記者たちは苦闘を続けていた。

✣「核」を追って

琉球列島米国民政府（USCAR）の建物はそのころ那覇市の中心部にあった。アメリカによる沖縄の統治機構である。

その事務室で日系アメリカ人の職員は机に足を投げ出し、國吉永啓《くによしながひろ》に向かってぞんざいに言い放った。

「なぜそんなことを調べる。布令《ふれい》の条項を知らないのか？」

1961年のことだ。

その年、24歳で記者として沖縄タイムス社に入社した國吉は社会部に配属され、那覇空港の取材担当を命じられた。当時の那覇空港はアメリカ軍の基地でもあり、連日、東京経由で到着する民間旅客機が大勢のアメリカ軍人を乗せて来ていた。

飛行機から降り立つ軍人たちを眺めながら國吉は思った。彼らはどういう階級でどんな仕事をするのだろう。軍服のバッジでそれが分かるのではないか。そう思いつき、記章を判別できるような資料が手に入れば、と考えてUSCARを訪ねたのだった。

通されたのは公安局だった。しかし、職員は資料を求める國吉に、問い詰めるような物言いをする。それを見かねた沖縄女性の事務員が1冊の本を國吉に渡した。

表題に「琉球法令集」とある。

アメリカが沖縄に発した「布告・布令」などをまとめた冊子だ。当時のものを国会図書館で閲覧することができる。國吉が入社した年の「一九六一年版」を開いてみよう。

冒頭に大統領アイゼンハワーが1957年に発した「琉球列島の管理に関する行政命令」が記されている。

日本国憲法の及ばぬ沖縄での「基本法」ともいわれた行政命令は、アメリカ軍の将官である高等弁務官に沖縄統治の最高権限を与え、沖縄住民側の中央政府である琉球政府を命令下に置き、琉球立法院の法案への拒否権や公務員をクビにする権限まで持たせていた。

民政府の職員は國吉に向かって数字を告げた。

「2・2・18」

何かの日付かと思ったが、そうではなかった。

「刑法並びに訴訟手続法典」という布令に定められた条項のひとつだ。

「第二部　罪」、その中の「第二章　安全に反する罪」の「二、二、一八」にはこう書かれている。

「合衆国政府又は民政府に対して誹毀《ひき》的又は扇動《せんどう》的印刷物又は文書を発行若しくは配布し又は発行若しくは配布せしめ又は発行若しくは配布する意図でこれを所持する者は、断罪の上、五万円以下の罰金若しくは五年以下の懲役又はその両刑に処する」

要するに、新聞でアメリカ政府やＵＳＣＡＲを悪く書こうものなら布令で罰せられる恐れがあるというわけだ。無許可の基地撮影なども懲役にあたる。

それが沖縄の記者たちを縛っていた。

やむなく引き下がった。が、その日の経験は、アメリカ軍基地の取材へ國吉の熱意をかき立てる結果となった。

軍人の階級章や部隊のバッジを密かに入手し、その形を頭に入れた。それをもとに、アメリカ兵が起こした事件などで現場にやって来た兵士らの所属を特定し、取材に当たる。

基地に毎日欠かさず通い続け、広報担当の将校らと親しくなる。気心が知れてくると部隊の図解入りガイドブックを見せてくれるようになる。それだけではない。机上に資料を開いた将校が「コーヒーを飲みに行ってくる」と言って部屋を出ていくと、その間にコピーを許す、という合図だった。

特殊部隊、防諜《ぼうちょう》、住民対策要員……。あらゆる部隊が沖縄に配備されていた。やがて國吉は基地内の電話ボックスに備えられた電話帳で、ある項目に気づく。

Ｎｕｃｌｅａｒ　ｗｅａｐｏｎｓ――。

核兵器を扱う部署とみられた。

アメリカ軍は、沖縄のどの基地にどれだけの核兵器を貯蔵しているのか。

「それが一番の関心事だった」

沖縄の記者たちは誰もが核の存在を探ろうと必死だった。

國吉は連日、基地で将校らに問いかけた。

「核兵器の貯蔵はヘノコに？　それともカデナ？」

またか、という顔で答えは常に「ノーコメント」だった。

言うまでもなく「ヘノコ」は、沖縄本島の北部、名護市辺野古のこと。当時はまだ久志《くし》村だった。東岸に突き出したような辺野古崎の一帯はアメリカ海兵隊の駐屯地キャンプ・シュワブが置かれている。政府は今、辺野古崎の海を埋め立てて、新たな軍事基地を建設しようとしている。

そのキャンプ・シュワブに隣接する「辺野古弾薬庫」は復帰前、特に警備が厳重で、核兵器の貯蔵施設とみられていた。

タイムスで長く軍事記者を務めた國吉は、ここのゲートの前で写真を撮り、駆けつけたアメリカ兵にフィルムを抜き取られたことがある。

だが、撮影済みのフィルムは没収される前に素早く靴下の中に隠し、未撮影のものを入れ替えて兵士には空のフィルムを持って行かせる。そういう「技」を身につけていた。

1968年、沖縄タイムス石川支局長として久志村《くし》を担当していた大山哲《てつ》は、基地内で二重フェンスの取り付けなど大がかりな工事が行われているのに気づく。見つからぬように写真を撮って那覇の本社へ送った。

國吉は以前から、基地の関係者の話で、海軍用の弾薬庫を建設する動きがあるのをつかんでいた。

同年12月23日付の沖縄タイムス1面トップを横見出しが飾った。

「大規模な海軍弾薬基地を建設　サブロック（核爆雷）貯蔵庫か」

「サブロック」とは原子力潜水艦用の核弾頭付きロケット爆雷だ。その貯蔵庫を建設しているのではないか、と伝える記事だった。

「太平洋側の大浦湾に面した久志村辺野古の米陸軍弾薬貯蔵基地隣に大規模な海軍の弾薬貯蔵基地が急ピッチに建設されている……地下十五メートルから二十メートルにおよぶ大がかりな地下サイロをはじめ耐震性の鉄筋コンクリートの恒久弾薬庫が建設されている。関係者によると、六一年末に建設された核弾頭中距離誘導ミサイルのメースB基地工事をしのぐ厳重な警戒ぶりで……」

「メースB」とは復帰前の沖縄に配備されていた核ミサイルで、中国などに向けられていたといわれる。記事はさらに貯蔵庫建設工事のものものしさを書いている。

「地上施設より地下施設に重点がおかれているようで、建設資材もミサイル基地のような生コンクリートが大半で、工事関係者は顔写真入りのパス（通過許可書）を持って作業している。米将校でも、工事監督者や司令官の特別の許可がない限り、立ち入りは厳禁されているという」（12月23

沖縄タイムスで長く軍事記者を務めた國吉永啓さん。自宅の部屋には長年かけて集めたアメリカ軍の資料が所狭しと置かれている

日付沖縄タイムス）

嘉手納基地で戦略爆撃機Ｂ52の爆発事故起きて1カ月後だった。

記事が出た日の夜、琉球立法院は臨時議会で、Ｂ52事故への抗議と沖縄への原潜寄港に反対する決議を行った。

この年の8月には、那覇軍港の海底土から原潜によるとみられる放射性物質コバルト60が検出されたことが分かり、魚の売れ行きが落ちるなどの被害が出ていた。

翌69年1月4日付のタイムス1面は「核装備強める〝基地沖縄〟70年安保論争に問題波及か」と題し、関係筋の情報をもとに沖縄の核兵器の配備状況を可能な限り描き出した。

「基地の島」に住み、「核」とも共存しなければならない。本土では考えられない不安感を沖縄の人々は抱えていた。

❖水爆パトロール

アメリカ軍は核については何も明らかにしなかった。軍が基地の中を記者たちに公開した時のことだ。國吉ら記者から核についての質問が集中した。

広報担当の将校は何も答えないばかりか、会話を仲立ちしていた通訳に向かい、「答えるな!」と怒鳴りつけた。

ウチナーンチュ(沖縄の人)である通訳はその物言いに憤慨し、持っていたガラスのコップを力任せに握りしめた。手の中でコップは割れた。

基地で働く地元の人はその給料で生活を支えながらも、アメリカの戦争へ協力することに苦悩することが少なくない。そういう人々は記者にとっては重要な情報源でもあった。

以下の話も軍内部の協力者から得た情報がきっかけだった。

嘉手納基地からベトナム爆撃を繰り返す戦略爆撃機B52の中に、ほかとは違う動きをしている機体があるという。そのことを軍の関係者から聞きつけた國吉のもとへ、やがて、ベトナムではなく、水爆を搭載して中国、北朝鮮方面へ飛行している機体があるのではないか、との情報が入ってくる。

1968年にグリーンランドで水爆を積んだB52が墜落したというニュースは知られていた。69年9月、共同通信科学部の記者、坂井定雄は、日本新聞労働組合連合(新聞労連)が主催して初めて沖縄で開かれた「新聞研究集会沖縄特別分科会」に参加するため、那覇市を訪れた。この時、以前からの知り合いだった國吉と話をし、その言葉に聴き入った。B52に関連して通常兵器とはまったく異なるセキュリティーの態勢が、沖縄の基地に敷かれている、という説明だった。もちろんアメリカ軍当局は公式には認めない。

國吉は考えていた。沖縄の新聞が記事にすればどんな圧力がかかるか分からない。しかし、本土のメディアならば可能ではないか。

2日間にわたって國吉の話を聞き取った坂井は強い興味を抱く。東京に戻って原稿を書き上げた。だが、これを記事にできるだろうか。

当時、坂井は日本政府の情報機関である内閣調査室の中に取材協力者がいて、しばしば情報交換をする間柄だった。連絡をとり、B52水爆搭載に関する下書きの原稿を読ませた。協力者は、その原稿を貸してほしいという。翌日、返事があった。「上司にも見せた。記事を出されると困るが、原稿に間違いはないようです」。坂井は出稿を決めた。

1969年10月23日、「水爆パトロール」のニュースを共同通信社が配信し、その日のうちにテレビで流れた。翌24日、沖縄タイムスなど各紙の朝刊に掲載されたのが次の記事だ。

見出しに「水爆積んで沖縄から発進？　B52戦略パトロール」（沖縄タイムス）。

「沖縄米軍基地関係者および軍事情報筋が得ている信頼出来る情報によると、米戦略空軍（SAC）は沖縄嘉手納基地のB52戦略爆撃機に水爆を積み、中国、北朝鮮に対する戦略パトロールないし緊

嘉手納基地に飛来した戦略爆撃機Ｂ52。復帰直後にも黒い背びれのような尾翼が並んだ［1972年10月 山城博明さん撮影］

急発進待機の任務につかせているという。沖縄の〝核〟とＢ52は日米間の沖縄返還交渉の焦点になっているが、Ｂ52が常時〝核〟を積み、実戦体制にあることが事実であれば、全く新しい問題としてクローズ・アップされることになろう」

核を搭載したＢ52が警戒のための飛行をしているとの内容だった。

政府は否定した。

「木村官房副長官は二十三日夜、『沖縄にいるＢ52は水爆を積載出来る機種ではないと聞いているしその必要も全くない。いままでの日米の接触を通じても、そのようなことはあり得ない』と語った」（10月24日付朝日新聞）

記事が出た当日、琉球政府主席の屋良《やら》朝苗《ちょうびょう》は、琉球列島米国民政府（ＵＳＣＡＲ）を訪ね、真相をただした。民政官フィアリーは

「ニュース源が明確でない上、権威ある証拠も示されていない。想像されたものである」（10月25日付沖縄タイムス）と回答した。

69年10月といえば、沖縄返還合意に向けて日米の協議が大詰めだった時期である。基地に配備された核兵器の扱いこそが合意への隘路《あいろ》だった。この報道について、当時の共同通信社の社長が社内での会合で「偏向報道である」という趣旨の発言をしたとして問題になる。

新聞労連の機関紙によると、発言はこんな内容だった。

「最近のB52水爆パトロールニュースは、ニュースそれ自体に弱さがあるのみならず、赤旗と同時発表という白昼公然たるお先棒かつぎである。通信社ニュースの権威も、インテグリティもあったものではない」（69年11月15日付『新聞労連』）

共同通信の上層部は、坂井が沖縄での新研集会に参加した際に取材したこと、共産党の機関紙「赤旗」にも同趣旨の記事が出たことなどをとらえ、「左より」という意味の批判をしていた。

嘉手納村を中心にB52の撤去要求が盛り上がるものの、立法院では抗議決議案が自民党の反対で否決されることになった。水爆パトロールについて、アメリカ政府は公式には認めないままだった。

坂井は語る。

「現在だったら、この記事は出せないかも知れない」

坂井によると、報道の後、共同通信社の取材現場で話し合ったことがあった。

当局が公式に認めたことでなければ書けないのか。物的な証拠が見つからないとしても取材を尽くした上で報じるべきではないのか——。上司も含めて記者仲間たちは支えてくれたという。

復帰前の沖縄に確かに核兵器が存在したことは現在では明らかになっている。

30年後の1999年、冷戦期にアメリカの核兵器が世界のどこに貯蔵されていたか、に関する研究レポートが科学誌「ブレティン・オブ・ジ・アトミック・サイエンティスツ」に発表された。国防総省の極秘文書をもとにアメリカの研究家チームが調査したものだ。それによると、沖縄の基地には1954年から復帰の72年までに、20種類近くの核兵器が配備されていた。小笠原諸島の父島、硫黄島でもアメリカ統治下の時代に核が貯蔵されていたという。

だが、当時、アメリカ軍がフェンスの中で何を行っているか、沖縄の人々には、容易には分からなかった。

✣記者、ベトナムへ

沖縄から出撃したアメリカ軍の戦略爆撃機がベトナムを空爆し、アメリカ兵たちは沖縄から戦地へ赴き、そこで人を殺している。つまり、沖縄もある意味「加害者」ではないか——。

ベトナム戦争当時、沖縄の記者たちはそうした思いを抱いていた。

1965年、琉球新報の記者、外間正四郎《ほかませいしろう》はベトナムに行くことになった。

もともとはアメリカ政府の招きでアジア各国の記者たちとともに1カ月にわたるアメリカ視察旅行に参加したのだが、その終盤、国務省の担当者が記者たちにベトナム取材を持ちかけて希望を募ったのだ。だれも異存はなかったという。

外間の記事によれば、一行は旅客機でサンフランシスコからサイゴンへ。途中、ハワイやグアム、マニラに給油と搭乗員交代のために立ち寄り、計26時間の長旅だった。

その時の思いをこう記している。

「こんな遠いところまで来て、なぜアメリカは戦わねばならないだろうかという疑問がまず頭に浮かぶ。そしてこの疑問は頭にこびりついてなかなか離れなかった」（65年5月7日付琉球新報）

この日から始まった連載記事「見てきたベトナム」で、12回にわたって戦地の緊迫感や人々の表情をつづった。

ほかの記者たちとともにメコン河に面したデルタ地帯の村を訪ねたときだ。

「記者団のなかのひとりが、アメ玉を二、三個やると、子供たちがワッーと数人歓声をあげてかけ寄ってきた……子供たちの数が多くなったので、件《くだん》の記者はアメ玉を全部ばらまいた。その記者も、子供たちも、天真らんまんに笑っている」（5月13日付）

別の記者が、アメを拾う子どもたちにカメラを向けてシャッターを切った。それを見た外間は敗戦直後の沖縄を思い出し、いたたまれない気持ちになる。

「二十年前、米軍が道を通りながら、トラックの上から子供たちに〝キャンディー〟を投げて喜んでいた光景を思い出して、記者にはその場面がたえられなかった」（同）

ベトナム人通訳にその光景をどう思うか聞いてみた。通訳の「ヒューミリエイティング！（人を侮辱している！）」という言葉が記事に書かれている。

64年に琉球新報に入社し、後に社長となる比嘉辰博《ひがたつひろ》も20代のころ、ベトナムでの取材を希望したひとりだ。幼児期に沖縄戦を体験し、九死に一生を得たという記憶だった。

「戦争そのものへの憎しみはもちろんあった。『加害者』であるアメリカ軍は沖縄から出撃し、ベトナムの庶民が被害を受けている。その実態を報道したいと思ったのです」

67年、琉球新報社は再びベトナムへ記者を特派する。ベトナム報道でも知られた国際的なカメラマン、岡村昭彦が「ベトナム戦争報道は沖縄のジャーナリストこそ、やらないといけない」と同社の編集幹部に強く勧め、資金的な支援もしたという。

だがこの時、ベトナム特派員に選ばれたのは、比嘉ではなく、社会部の同僚でやはり20代の新垣《あらかき》正恭《せいきょう》だった。

新垣が東京で通信機器の扱いなどの研修を受けた際、比嘉も別の研修を受けるため同じ宿所で過ごした。出発の日、珍しく涙を見せた新垣を、比嘉は覚えている。

ベトナムで取材を始めた新垣は67年12月、カンボジア国境に近いタイニン省に行った時、反サイゴン政権組織「南ベトナム解放民族戦線」（解放戦線）の兵士に拘束される。2週間ほどでいったん自由になるが、今度は南ベトナム国家警察に連行され、取り調べを受ける。68年1月17日にようやく釈放され、翌18日付の琉球新報の社会面には共同電で「新垣・本社南べ特派員　身柄釈放される」の記事が載った。

1月、琉球新報夕刊で始まった連載記事のタイトルは、外間の連載と同じ「見てきたベトナム」。両軍に相次いで拘束された緊張の経験を30回にわたって綴っている。

第1回目の記事。新垣の記者証を取り上げたらしい解放戦線兵士と片言で交わしたと思われる会話が記されている。

「——NAHA…。ダイハーン（韓国）のことか」「OKINAwAの町です。オキナワ知ってますか」

「——オキナワ…。ああ、B52の基地」（1月29日付夕刊）

韓国はアメリカとともにベトナムへ地上軍を送り込んでいた。新垣は、自分は日本人だと主張するが、兵士たちは敵である韓国人と疑い続ける。

拳銃をさげた若い兵士が新垣に言う。「日本人ならどうして記者証にJAPANとないか」

❖「沖縄の解放を」

頭上を政府軍の砲弾が飛び、アメリカ軍機の爆撃が続くなか、新垣は解放区の人々と寝食をともにしながらやがて心を通い合わせる。

「銃撃の音がするたびに、顔をしかめる私をみて、年老いた婦人は、大じょうぶ、大じょうぶをくり返しながらあついお茶と夕ごはんを準備してくれた」（1月31日付琉球新報夕刊）

隊長の尋問を受ける様子がこう書かれている。

——あなたは軍人か。

「日本の新聞記者です。私をとらえた理由はなんですか」

―日本の記者なら、なぜＩＤカードの国籍は日本としないか。ナハという国は聞いたことがない。韓国軍の名称ではないか。

「ナハとはオキナワの町の名前です。私のパスポートには国籍はジャパンです。パスポートはサイゴンにおいてあります。沖縄の人の国籍は日本です」

―オキナワ…よく知っている。

隊長は世界地図をポケットから出して、沖縄本島をさがし、ＮＡＨＡを確認した。

―韓国人とまちがえたことをゆるしてください。われわれはあなたを逮捕したのではありません。あなたが私たちの管理地区に無断ではいってきたので事情を聞いているのです。

68年2月5日付の連載7回目である。

このあと隊長は、日本の自衛隊がベトナム戦争に参戦する可能性をたずねるが、新垣はあり得ないと否定する。

1月11日、彼らは新垣を解放した。隊長は言った。「あなたの住んでいる沖縄が一日も早く解放されることを祈っています」（2月10日付夕刊）

解放戦線と別れた新垣は、町に入ったところで今度は南ベトナム政府軍に拘束された。記者証を没収され、解放戦線と行動をともにしたことを追及される。日本大使館への連絡は断られ、国家警察に連行された。

新垣はそこで、沖縄での訓練に参加したという若い将校の取り調べを受ける。「彼は沖縄のことをよく知っていた。一九六四年末から一九六五年初めにかけて、米軍派遣の訓練で沖縄に行ったという。彼の話からすると、彼は中部のズケランにある米陸軍司令部で訓練を受けたようだ……ベトナム人将兵は相当数沖縄で訓練を受けたらしい」（2月22日付）

それより3年前の65年5月、南ベトナム政府軍の将校、下士官計10人が沖縄の海兵隊基地キャンプ・ハンセンで訓練を受けたことが明らかになり、地元で問題になったことがある。

これについて当時、原水爆禁止沖縄県協議会は抗議声明を発表。「南ベトナムの将兵を沖縄に招き、訓練することは、沖縄を戦争に巻込むことである。戦争が今後拡大されると真先《まつさき》に報復攻撃を受けるのも沖縄である。平和を望むわれわれは、沖縄基地での訓練によるベトナム戦争への直接介入に抗議する」（5月13日付朝日新聞）と訴えた。

遠く離れたベトナムと沖縄が「戦争」「基地」という言葉で結びついていた。

新垣は、1月17日に釈放された。解放戦線のことは何もしゃべらなかったという。翌日、日本大使館に呼ばれ、解放戦線の移動ルートなどをたずねられるが、新垣は答えない。帰国間際、大使館から「記事の内容によっては今後、琉球新報の記者が南ベトナムに入国できなくなるかも知れない」という警告めいた連絡があったことが記事に書かれている。

新垣の帰国後、北ベトナム軍と解放戦線の「テト攻勢」により、南ベトナム各地で戦火が広がった。そして連載が続いていた68年2月、戦略爆撃機B52が嘉手納基地に編隊で常駐するようになる。

新垣は最終回をこう締めくくっている。

「私たちは同じ人間として、ただ手をこまねいているだけでは、いけないのではないか」（3月11日付）

✣基地の中で……

井川一久《いかわかずひさ》がそれを見たのは復帰前の1969年8月、かつて沖縄本島北部・宜野座《ぎのざ》村にあったアメリカ軍キャンプ・ハーディーだ。66年に32歳で朝日新聞那覇支局長に着任した井川は、戦時下で拡充されつつあった沖縄のアメリカ軍基地の取材を続けていた。

QUICK KILLING TRAINING（クイック・キリング・トレーニング）——。表示板に書かれたその言葉は「早殺し訓練」とでも訳すのだろうか。

そこはアメリカ陸軍特殊部隊グリーンベレーの訓練施設である。通常の戦闘部隊とは異なり、比較的少人数で撹乱《かくらん》や破壊工作などを遂行する訓練を受けた部隊だ。沖縄に拠点があり、ベトナムと似た南国の植生を利用して対ゲリラ戦の訓練が行われていた。

両側に草むらが続く道を兵士が進む。草の中で電気仕掛けの標的が動く。その瞬間、兵士はM16小銃で射撃する。標的を確認している間はない。素早く「殺す」だけである。

密林を進むと地面には落とし穴が掘られてある。穴の底にはとがらせた竹や鉄棒が仕掛けてあり、踏み抜けばけがをすることになる。

「命がけだな……」と井川は思った。

取材の合間、基地内のレストハウスでほろ酔いのグリーンベレー兵士に会った。大柄の二人組だった。兵士は「ベトナムで何をしていたか教えてやる」と言い、大型ナイフを取り出すと腕を振り回して人の「殺し方」を演じて見せた。そして「見たことないだろう」と言ってポケットから妙なものを取り出した。

じゃらじゃらと音のする、首飾りのようなそれは、ベトナムで殺した人たちの耳をひもを通してつないだものだという。20～30はつながっていただろうか。

兵士の目つきはおかしく、人格が崩壊しているように、井川には見えた。戦争が終わっても社会復帰できるのだろうか。

ベトナムの戦場では、アメリカ兵たちが殺した相手の耳を切り落として持っていることがあったといわれる。海兵隊員として沖縄経由でベトナムに行き、後に平和運動家として知られたアレン・ネルソンも、戦場でそういうことが行われていたことを語っている。

復帰前の沖縄のアメリカ軍基地はまさに「戦時」であり、死地へ赴《おもむ》く兵士たちがしでかす凶悪犯罪は、庶民にとって最も耐え難い被害だった。ベトナムの戦闘が激しさを増すにつれ、沖縄のアメリカ兵たちの行状もすさんでいったといわれる。

「その当時はあらゆる戦略、戦術機能が沖縄の基地に集中していた」と井川は言う。

その機能を丹念に調べ、10ページに及ぶ別刷り特集「沖縄おおう巨大基地」をつくった。特集は

69年8月27日付の新聞に折り込まれる。

その内容は沖縄の基地機能の細部を可能な限り描き出している。

当時の沖縄にはまだ大規模な陸軍の部隊が駐留していた。浦添《うらそえ》市の牧港《まきみなと》サービス地域(牧港補給地区)には、太平洋全域の部隊への物資補給を担う「第2兵站《へいたん》部隊」があり、その中には、ベトナムなどアジア各地で軍事宣伝活動を担当する「第7心理作戦グループ」があった。

今、名護市辺野古《へのこ》への移設が問題になっている宜野湾市の海兵隊普天間《ふてんま》飛行場は当時、山口県岩国市の海兵隊岩国航空基地とベトナムとの中継点だった。

嘉手納基地には極東最大の戦略空軍部隊があり、攻撃機能が集中している。

そして核兵器——。

本島の4カ所に地対地中距離核ミサイル「メースB」の発射基地がある。中国などに狙いを定めていた。

「最大の核貯蔵所は辺野古だが、知花《ちばな》と南部にも少量ながらミサイル用の核弾頭などがあるといわれる」(8月27日付朝日新聞)。

井川が海兵隊のキャンプ・ハンセンを取材した時だ。そこには「トランジットセンター」があり、ベトナムへ出撃していく兵士たちの出発地だった。若い兵士がベトナム行きを前に、泣きながら家族へ手紙を書いていた。

センターの一角にやや年かさの兵士の一団がいた。出征する兵たちに背中を見せつけるようにゆっくりと横歩きをしている。ジャンパーの背には「ベトナムは地獄」「お前は人殺しになる」などの文字が刺繍《ししゅう》で縫い込んである。それを読ませて厭戦《えんせん》の気持ちをかき立てるのだ。

「反戦米兵」と呼ばれる彼らが基地の中で行う活動のひとつだった。戦争の激化に伴い、沖縄の基地のアメリカ兵も「反戦」が息づいていた。

✣基地内の反戦活動

ベトナムでの戦火が激しくなるにつれ、アメリカ国内はもとより世界的に反戦運動が高まりを見せる。戦場行きを目の前にしたアメリカ兵たちにも、その動きは広がっていた。

沖縄のアメリカ軍基地の敷地内では反戦ビラが配られるようになっていた。基地内で兵士にビラを手渡し、人の集まる場所にはまとめて置いておく。ビラには戦争に反対する「反戦米兵」のグループに連絡するよう求める言葉が書かれている。ビラを作るのは反戦米兵たちだったが、そのビラをひそかに基地内へ持ち込んで配布した記者もいる。

沖縄タイムスの軍事記者、國吉永啓《くによしながひろ》もビラ配りに協力した一人だ。

「戦争反対を公言する反戦米兵は基地内で自由に行動はできない。だが、記者は取材で基地に入ることができるし、多少の紙束を持っていてもあまり怪しまれない」

そこに協力関係が生まれた。ほかのメディアの基地担当記者も國吉とともに反戦運動に力を尽くした。

沖縄・北部訓練場でのアメリカ海兵隊［1970年 大城弘明さん撮影］

脱走の手助けもしたことがある。場所は海兵隊キャンプ・ハンセンのトランジットセンター。そこにはベトナムへ行く兵士とベトナムから戻って本国へ帰還する兵士の接点がある。國吉たちはベトナムに行く兵士に帰還兵用のオーダーを手渡す。うまくいけば、ベトナムに行かずに帰還兵に混ざることができる。

「そのことでFBIが捜査に入ったという話も聞いたことがある」

この時代、日本では無党派の市民たちによる反戦団体「ベトナムに平和を！　市民連合」（ベ平連）の運動が全国的に広がっていた。アメリカ兵たちに反戦を呼びかけ、脱走兵の援助もする団体だ。ベトナムへの出撃基地である沖縄には、日本本土やアメリカからも反戦活動家たちが来訪していた。

今郁義《こんいくよし》は、そのころ沖縄で反戦運動に関わっていた。

「嘉手納基地前の通りをまっすぐ歩いたところに反戦団体の事務所があった」

写真雑誌『アサヒグラフ』の仕事で、フリーの写真家として沖縄に来たのは１９６９年４月。20代前半だった。沖縄の娼婦たちを取材するのが目的で、同じテーマでドキュメンタリー映画を撮影していたグループと知り合った。映画スタッフとともにコザ市（現在の沖縄市）に一軒家を借り、歓楽街を取材するなかでアメリカ兵と接点を持つ。それをきっかけに「反戦米兵」とかかわるようになり、取材が終わった後もそのまま住み着いて反戦運動を続けた。

コザを拠点とした反戦団体「中部地区反戦青年委員会」（中部反戦）の一員として、ベ平連のメンバーら本土からやって来る運動家たちの「窓口役」を、今《こん》が務めていた。

コザの事務所には、反戦米兵、アメリカから来た反戦活動家、そして記者やフリーの写真家たちが出入りし、基地の内情や戦争について話し合い、情報交換をしていた。そういう場所に反戦米兵たちが半ば公然と出入りすることを、軍当局も止めようとはしなかった。そんな基地の街の状況を見ながら、直感的に「アメリカは戦争に負ける」と考えたという。

反戦団体の事務所に記者たちが訪ねて来る目的には取材もある。そこに来る兵士たちはアメリカ軍の中の貴重な情報を持っており、彼らに接触し、話を聞くのは新聞記者としては当然のことだ。反戦運動に協力しながらの取材は、現代においては記者のあり方として批判されるだろうか。取材相手とは一定の距離を保つべきではないか、と。

少なくともあの時代の沖縄では、今時の「取材マニュアル」のような一般論は当てはまらない。広大な土地を接収して、沖縄の人々を重圧下に押し込め、圧倒的な量の兵器と極秘情報を抱え込んで戦争を続けるアメリカ軍が、フェンスの中で何をしているのか。それを探り出し、読者に伝えることは記者の責務にほかならなかった。

「アメリカ軍のやり方に、記者も憤りを持っていた」。60代になった今郁義《こんいくよし》は半世紀近く前の沖縄の記者たちのことを、そう思い返す。

✣告発された心理作戦

1970年の終わりごろだった。國吉は浦添市にあるアメリカ軍基地、牧港補給地区の中の食堂で若い兵士と落ち会った。

おとなしそうな金髪の青年兵士はアメリカ陸軍の2等軍曹、ハーシェル・デイビッド・ポプリン、当時23歳。反戦活動家のグループに記者と話がしたいと連絡してきたのだった。「軍隊をやめたい。助けてほしい」という。話を聞くうちに、國吉は情報の重大さに気づいた。

その兵士が所属するのは、牧港に司令部を置く「第7心理作戦グループ」。アジア地域で軍事宣伝などを担当する部隊だ。彼の話に國吉たちは聴き入った。補給地区には記者も入ることができたが、心理作戦部隊はまったく取材を受け付けないのは知っていた。

ポプリンは日本語が話せなかったが、話すうちに言葉を記憶していく。驚異的な能力に國吉は舌を巻いた。だが、どこまで信用していいのか、最初は分からなかった。ニセの反戦米兵もいたからだ。作戦内容の公表を希望する彼に國吉は言った。

「本気ならば記者会見を開いてはどうか」

沖縄のマスメディアが彼の話をもとに「特ダネ」を書くことは危険に感じられた。しかし全国的に報道されれば、アメリカ軍も手は出しにくいはず、と考えたのだ。

１９７１年4月10日、琉球政府の記者クラブでポプリンは記者会見し、アメリカ軍の心理作戦部隊が行っている謀略活動の内情を暴露した。全国紙も一斉に報じた会見の内容は次のようなものだった。

部隊は、東南アジアや韓国、北朝鮮、日本、沖縄で情報収集をし、とくに住民の生活や意識について調べている。

アメリカに対する友好的なムードを作るための宣伝活動を行う。北朝鮮にはビラや万年筆やおもちゃ、ラジオなどをばらまく。共産圏の国民がほしがっているもので反政府感情をあおり、拾った人たちが取り締まりを受けて反共思想を持つよう仕向ける。宣伝ビラを仕込んだせっけんもある。ばらまく品の多くは日本製だ。

沖縄には短期間で何億枚もの宣伝ビラを印刷できる施設がある――。

牧港補給地区に司令部を置く心理作戦部隊の存在は知られていたが、部隊の組織図や部隊が作成したたくさんの宣伝ビラを示しての説明は衝撃的だった。

ポプリンは、いわゆる「良心的兵役拒否者」として無許可離隊（ＡＷＯＬ）で軍法会議にかけられることになっていた。

会見で語った。

「米軍の心理作戦部隊は、アジア諸国に害悪をもたらすわけで、決して平和を保障するものではない。同部隊上級将校の犯罪性を追及する」「一般市民に大きな犠牲を強いるものであり、平和を求めるものは、心理作戦部隊と対決すべきだ」（4月11日付沖縄タイムス）

1970年5月に沖縄本島中部の具志川《ぐしかわ》市（現在のうるま市）で女子高校生を刺傷したとして逮捕されたアメリカ兵が、心理作戦部隊の所属と言われていた。

記者会見の4日後、軍事法廷が開かれ、ポプリンは証言した。4月14日付の朝日新聞夕刊の記事によると、その内容は次の通りだ。

前年の秋、上官から「北朝鮮で米軍が大量破壊をおこなった場合、それを正当化するための宣伝文をつくれ」と命じられた。心理作戦活動が一般の市民をいたずらに傷つけていることは非人道的だと思っていたが、この命令を聞いて、はじめて拒否した——という。

その日のうちに降等処分が決まった。

アメリカ陸軍の第7心理作戦グループは以前から問題になっていたが、現役兵が謀略活動の実態を明かにしたことには驚きが広がった。

暴露会見後の71年4月22日、衆議院の沖縄・北方問題特別委員会で議題になった。

沖縄選出の自民党議員、国場《こくば》幸昌《こうしょう》は沖縄での特殊部隊の行動について質問した。外務省アメリカ局長、吉野文六《ぶんろく》は心理作戦グループについてこう説明した。

吉野「任務は沖縄内外の十部隊の心理作戦上の指揮、統制にございます。それから心理作戦出版物の作成。太平洋軍に対する心理作戦上の助言ないし支援を与えております。一九七〇年度の人員は六百八十六名……方々に分遣隊を持っておりまして、日本、韓国、台湾、ベトナム、タイにございます。それから日本におる分遣隊につきましては……大体五十名ないし六十名の人員を擁しております。一九七〇年八月現在では五十八名でございました」（特別委員会議録）

答弁は謀略の具体的な内容には触れていない。だが軍隊が行うのは、爆撃や銃撃戦だけではない。情報収集はもとより、巧みな宣伝で人心を懐柔し、あるいは混乱を起こさせて軍事行動を有利に進めようという戦略は、アメリカ軍に限らず、全世界で行われている。

國吉は会見のすぐ後、『週刊朝日』に「沖縄反戦米兵が暴露したナゾの謀略部隊　第七心理作戦グループの実体」と題する記事を書いた。

その中で、アメリカ軍が大戦の直後、沖縄での日本軍の残虐行為などを調査し、占領政策に利用したと指摘した。

「米軍は軍国国家『日本』から沖縄を〝救った〟という形で『解放者』になりすまし、民撫《みんぶ》工作を実施したのである。しかも米軍は、この島を『幸福なすみっこの小島』（ハッピー・コーニ・アイランド）と称して対外宣伝に大いに活用してきたのだった」（71年4月30日号）

この時期、日米両政府はすでに沖縄返還で合意し、そのための返還協定締結に向けて大詰めの交渉の最中だった。

「ここに謀略部隊が居残って太平洋全域に働きかけつづけるとしたら、これは果《はた》して、平和憲法の国日本といえるのであろうか」(同号)

核兵器、特殊部隊、謀略部隊――。憲法第9条のもとへ「軍事基地・沖縄」を復帰させるにはどうすればいいか。それは日本にとって最も深刻な隘路《あいろ》だった。

第三章 沖縄と「ヤマト」の乖離

✣「リベラル」の苦悶

アメリカ軍はベトナムで戦争を続けている。その強大な軍事基地が沖縄にある。では、憲法第9条を持つ「平和国家」日本に沖縄を復帰させるには、どうすればいいか。このことは政府にとって重大な課題であることはもちろんだが、中でも本土の「護憲派」と呼ばれる人々にとってゆるがせにできない問題だった。

ここに記すのは、朝日新聞の論説委員を務め、戦後日本のリベラル言論界を代表する人物の苦渋の物語である。反戦米兵の記者会見から4年ほど前に戻ろう。

1967年、アメリカでのことだ。

朝日新聞の特派員、冨森《とみのもり》叡児《えいじ》は、その言葉に驚き、すぐには理解できなかった。

「核兵器を置いたまま返してもらうわけにはいかない。返還の代償にアメリカが日本の国土に核を置くというなら、沖縄の人たちには悪いが、待ってもらわなければ」

言葉を発した人物は、笠《りゅう》信太郎《しんたろう》。5年前まで、朝日新聞の社説の最高責任者である論説主幹を務め、退職後も講演や著述業で活躍していた。その年の春から取材旅行でアメリカ、ヨーロッパを回った。当時38歳の冨森は大先輩の案内役として運転と通訳を引き受けていた。

車の中で、沖縄返還が話題になった。

その2年前の65年、首相の佐藤栄作は沖縄を初めて訪問し、現地での演説で返還交渉に意欲を示した。66年には沖縄の「教育権」だけを先に返還させる案が論議になり、地元では復帰への願いが高まりを見せていた時代だ。

そういう時期にあって笠は沖縄を返還させてはならないという。冨森は驚き、内心、反発を感じざるを得なかった。沖縄を犠牲にせよと言うのか——と。

帰国した笠はその年の10月、朝日新聞にコラムを寄稿する。「沖縄問題を憂う」と題する、上・中・下3回の連載だ。少々長くなるが、肝要な部分を引用しておきたい。

書き出しで、「大津発言」といわれる佐藤栄作の発言に言及する。前述したように、同年1月、大津市を遊説で訪れた佐藤は、教育権だけの返還よりも施政権そのものを一括して返還させる方が望ましい、と述べた。つまり、沖縄を完全に日本の領土内に返還させるということである。

それについて笠はこう書いている。

「私は、ことの唐突にいささか驚いた。と同時に、それ以来、一つの不安が私の頭にこびりついて離れない」（67年10月9日付朝日新聞夕刊）

「不安」とは、沖縄のアメリカ軍基地の問題である。

笠がさらに問題視したのは、その年、外務事務次官から駐米大使になった下田《しもだ》武三《たけぞう》の発言だ。外務省での会見で「沖縄の米軍基地を〝殺す〟ような形で沖縄返還の交渉をするのは無理で、基地の現状を認めたうえで解決を図るほかあるまい」（67年6月16日付同紙）とし、核基地も認めて返還実現に努力すべきだとの趣旨を述べていた。

そうした発言に何か裏があると見たのか。コラムの続きはこうだ。
「それにしても、全面返還の火つけ人は、何といっても政府であった。その観測気球につられて国民の頭が全面返還の要望でいっぱいになった潮どきを見はからって、少しずつ、返還の形式が首相の口から漏れだしてきた」（10月9日付夕刊）
つまり、国民の願いに乗じて沖縄の「核つき」返還を目論んでいるのではないか、という疑念である。

笠信太郎氏［1966年 共同通信社提供］

「領土の復帰、それも敗戦の結果として無体に取上げられた領土を返還復帰させてやるというのである。しかし、その領土の上には、アメリカ自身の戦略基地が、がっちりとこびりついている」（同）
それが日本国内の基地となったらどうなるか。
「日本は、今日まで、安保条約を助けとしたかたちで、まったく受身的な自衛体制をとってきたが、そうした日本の軍事的ステータスが、これによって全く一変することは、だれの目にも明らかであろう。沖縄が返ってくるのは当然以上に当然だが、その上にある基地の関係に関するかぎり、日本本土が沖縄化するのである」（同）

「本土の沖縄化」という言葉は、沖縄返還交渉に際して、革新陣営や沖縄の現地からもあがった批判だ。そのことを指摘していた。

✣「返還は受け入れられない」

笠信太郎は、一般的に「リベラル」といわれる戦後の朝日新聞の論調を築き上げた一人だ。戦時中、その著作などで官憲ににらまれ、日本を離れて特派員としてヨーロッパに駐在した。戦後、サンフランシスコ講和条約締結のときは共産圏を含むすべての対戦国との「全面講和」を主張。1948年から14年間、朝日新聞の論説主幹を務め、激動期の中で一貫して憲法9条の理念を尊重し、憲法改正には反対した。

その笠が、沖縄返還はまだ早い、という。

翌日付の「中」編は核兵器とアメリカの戦略への懸念に言及する。

「核は島からはずしてもよい、というぐらいのことは、あるいは用意されているかも知れない。例えば、核を浮動する倉庫にのせておくという考えすら、米国側専門家筋にはあるようだから、一時の子供だましに近い操作が、提案されないとは限らぬ。しかし、そんなことで、この東洋におけるアメリカの城塞《じょうさい》の性格を変えることにはなるまい」（10月10日付夕刊）

そして、論点は「平和憲法」へたどり着く。

「いまの日本の軍事面にかかわる国際的ステータスに変更を及ぼさない姿で、返還されねば、結果は日本にとってすこぶる重大である。というのは、日本主権下の領土上にある米軍基地が、アメリカ軍略と直結して動くのであったら、そしてそれを日本が許容するのであったら、わが憲法の精神はとっくにふみ越えられ、不戦憲法は空文に帰するであろう」（同）

そして沖縄返還についてアメリカの「タカ派」ならばどう考えるか、と笠は推論する。

「もし、基地の軍事的機能をいちじるしく変更しないで施政権を日本に返還することができれば、それによってはじめて日本をアメリカのアジア政策の傘のなかに、完全に取込むことができるのである」（10月10日付夕刊）

アジア太平洋においてアメリカは「東南アジア条約機構」（SEATO）、「太平洋安全保障条約」（ANZUS）という軍事条約を維持していた。

日本はそこからは外れているが、沖縄の基地は「二つの条約諸国をアメリカと結ぶ実質上の拠点であり、カナメの点であるから、いまその基地が日本領土にはいり込むということになると、日本はその大きな傘の柄のもとに立つことになり、いきおい、これらの国と軍事的に無縁ではすまされ得ない事態になってゆこう」（同）。

日本とアメリカは立場が違う、という。

「忘れてはならないことは、軍事的な立場に関する限り、アメリカと日本は、それぞれが違うはずである。それは、それぞれの憲法が違うように、またその国際的姿勢がまったく違うように、違うのである（中略）そのちがった二つの立場の微妙な接点をなすものが、いまの日米安保条約であって、日本にとって安保条約のむつかしさは、まさに、そこにあったといってよい。こうして、かすかにその一端が接するまでは致し方なかったにしても、ちがった二つの立場のものが、部分的にでもオーバーラップしては（重なり合っては）ならないのである」（同）

次の文章が結論だ。

「アメリカとして基地の自由使用をやめることが時期尚早だというのであるならば、日本としては、自由使用を許容したままの返還は、残念ながら受入れるわけにはゆかないというほかはない。そこが、立場の相違である」（同）

憲法9条を持つ平和国家・日本に、アメリカ軍の戦略基地が張り付いた沖縄が入って来ては困る――ということになる。

最終回の「下」編――。

「それにしても政府は、今日まで、すこぶる用心深く、たくみに、世論を導いてきた。そして返還ムードは、その意図の通りに出来上がってきた（中略）返還にはいろいろ付きまとう心配があるというような理由で、返還に異論をさしはさむことは、だんだんむつかしいような空気にすらなってきた」（10月11日付夕刊）

それをあえて問いつつ、沖縄の人々にも「同情」を寄せる。

「沖縄が強力な米軍基地であるがゆえに沖縄の同胞が不断にさらされていなければならぬ潜在的な危険であって、日本政府としては、この万が一の場合の危険に対する深い人間的な配慮がなくて

はならなかったはずである」(同)

ではどうすればいいか。

「もし沖縄在住の同胞にして、国際的な荒天が来た場合を考慮して、この特殊な状況の沖縄に住むことをあえて好まないという人があるとすれば、その人は、その生活の本拠を日本本土に移す本来的な自由をもっているはずであり、そしてその自由を可能にし実現させるためには、日本政府は、それらの人びとの本土移住の受入れを工夫すべきであったろう」(同)

沖縄のアメリカ軍基地をなくせるほど、アジア情勢は平穏ではない、という考えが根底にある。

「世界情勢ともにらみ合わせた高い政治的考慮が必要だと考えられるなら、その情勢転換のチャンスを辛抱強く待つ大きな忍耐を、国民に説得し、同時にアメリカに向っては、元の姿で出来る限りの早期返還の約束を要請することこそ政府の仕事であって、そのあぶないと見られる世界情勢を日本の中にもち込むという愚をあえてしてはならない」(同)。

笠のこのコラムはそれほど論議を呼んだわけではなかったようだ。夕刊の9ページ目という掲載位置のためかも知れないが、当時、本土に住んでいた沖縄の人でも知らない人は多い。

コラムを読む限り、沖縄が抱える苦悩への思いは欠如していたと言わざるを得ない。本土への「移住」など非現実的なうえ、人々の心を気遣ったとは思えない。

今もアメリカ軍の取材を続けている國吉永啓《くによしながひろ》に読んでもらった。

「すごい」と彼は言った。掲載時には知らなかったが、80歳を前に初めて目を通して感じ入ったのは「本土の沖縄化」を当時から深く考えていたことだ。

確かに憲法9条の理念と沖縄の現実との間に乖離《かいり》が存在することを、笠は痛切に読み取っていたのだろう。日米交渉が進むにつれて、その問題は顕在化していく。返還合意の時に両首脳が交わした核密約や現代に至るまでの沖縄の基地のありようを考えれば、その洞察は的を射ていたといえる。

しかし、それゆえに沖縄をアメリカ統治のもとで軍事基地のままにしておくというのであれば、憲法に謳われた平和主義の意義は矮小なものになってしまうのではないか。

❖9条との乖離

笠は、根っからの護憲論者だった。

太平洋戦争開戦の前に特派員として欧州に渡った笠は、戦後、帰国の船上で新しい憲法の英文を読み、感銘を受けたという。その一方で、日米安保条約は認めていた。大戦が終わってもなお戦火たなびく国際情勢のもとで平和主義という憲法の理想との一貫性を、ついに見つけられなかったのかも知れない。

笠が論説主幹を務めていたころ、安保条約が改定され、国論を二分する事態となり、「60年安保」と呼ばれる反対運動に発展した。

当時の首相、岸信介が、アメリカの施政権下にある沖縄と小笠原を安保条約の枠に入れ、日米による「共同防衛区域」としようとしたことに、朝日新聞は社説で複数回にわたって反対論を展開する。

「米華、米韓、日米の防衛地域が、ここに三重にかさなり合って、沖縄、小笠原はもちろん、国府、韓国のいずれかをまき込む国際武力紛争が、日本をもまき込むことが、大いに憂えられるためである」（1958年11月2日付朝日新聞）

前述のようにこの問題は後に首相、佐藤栄作の「沖縄防衛」発言にも関係してくる。当時の朝日新聞の社説を読む限り、その論調は、沖縄は「危険」という見方だ。

朝日新聞の元論説委員で、笠の研究を続けている高山智は言う。

「沖縄返還と9条の理念の整合性をどうつけるか。そのことで笠さんは悩み抜いていた」

生前、沖縄返還について自らの考えを首相の佐藤あての手紙にしたためたが、かみ合う返事はなかったと周囲に漏らしたという。

アメリカで笠を案内し、沖縄に関する言葉に反発を抱いた冨森は今、80代。その後の沖縄の状況を見ながら、当時を振り返って思う。

「核に反対する気持ちが誰よりも強かった。世論を代弁する笠さんの主張は、両政府にも影響を与えたのではないか」

憲法の制定過程を研究する独協大学名誉教授の古関《こせき》彰一はいま、コラムを読んでこう考える。

「笠さんも沖縄の問題を冷戦下の力関係の中で考えていた。その底流には沖縄を犠牲にして憲法がつくられたという構造があるのではないか」

9条は沖縄を軍事基地化することと引き換えだった、というのが研究にもとづく古関の見解だ。

そのうえで、こう語る。

「9条の理念は本来、『力関係』の問題以前に、いかにして戦争をなくし、平和をつくっていくかということだった。しかし、コラムは冷戦下で日米関係をどうしていくか、を考えている」

憲法の「基本構造」そのものを私たちはどれだけ理解しているのか、という疑問がそこにはある。

「私たちの『平和』のとらえ方、『沖縄』のとらえ方が間違っていたのではないか。憲法がつくられたときの構造が、根底にそのままあるのではないか。沖縄を無視して日本の平和、そして憲法がつくられてきたと言わざるを得ない。講和条約3条の問題も議論はされなかった」

それは「平和」の意味そのものへの問いかけでもある。

「戦後の日本において、沖縄のことを本気で論議したことがどれだけあるだろうか。講和条約締結、60年安保など大きな節目の中でも、沖縄を無視して平和と民主主義が語られてきた」

そのことは現在の沖縄に関わる日本国内での議論の底流にもある、と古関は分析している。

1967年12月、コラムの掲載から2カ月後、笠は66歳で他界する。死の直前までベトナム戦争に強く憤っていたという。しかし、生涯、沖縄を訪ねたことはなかったようだ。

✥「核抜き」発言

沖縄返還に異論を唱えた笠信太郎のコラムが朝日新聞に掲載されてから9カ月後の1968年7月だった。

朝日新聞のアメリカ特派員、冨森叡児は、前駐日大使でハーバード大学教授のエドウィン・ライシャワーにインタビューしていた。アメリカきっての日本通として知られるライシャワーは取材の本題とは違う沖縄返還を、なぜか持ち出した。

「沖縄に核兵器を配備することは必要とは思えない」

冨森は驚いた。そのころは核兵器を撤去したうえでの沖縄返還は困難だという見方が、新聞社の中でも支配的だったからだ。冨森はすぐに原稿をまとめた。

68年7月24日付朝日新聞夕刊の1面に掲載された記事「沖縄返還は核抜き　ライシャワー氏が予測　来年にも合意の公算」は次のように伝えている。

ライシャワーは個人的予測として、来年１９６９年のうちに「核抜き」の沖縄返還で両国が合意するだろう、と述べた。その根拠として、核付き返還は日本国民の反対が強く現実的な解決策とは言えない、ミサイルを搭載した潜水艦や大陸間弾道弾（ＩＣＢＭ）があり、沖縄に核を置く必要はない、核基地を残したままの返還は日本の核武装に道を開くかも知れず、アメリカの利益に反する、ということを挙げた。

その年、アメリカでは大統領選挙がある。政権が交代すれば政策の見直しはありうるものの、「ライシャワー教授は『一、二年遅れることがあってもこの線（核抜き返還）で合意のできることは確実である』と述べており、米国の沖縄政策は大きな流れとしては『核抜き返還』の方向に進むとの確信を深めているようである」と書いている。

ライシャワーは、同年2月の下院極東小委員会でも、69年中に施政権返還問題を解決することが重要と証言していた。

その際の報道では「沖縄にある米軍基地の扱いについては日本本土の米軍基地と同じ形での施政権返還が望ましい旨、示唆した。同氏は公聴会終了後、記者団に対して駐日大使在任中からこの構想をラスク国務長官に進言していたことを明らかにした」（68年3月1日付同紙）とある。

本土と同じというのは、日米安保条約に基づいて、国外への戦闘作戦行動などの際には「事前協議」を行う取り決めを沖縄でも適用することを意味する。１９６５年に嘉手納基地から飛び立った戦略爆撃機Ｂ52がベトナムを爆撃した時には事前協議は行われず、外務省は、沖縄は安保条約の適用外とコメントした。

離日を前に記者会見するライシャワー大使
［1966 年 共同通信社提供］

駐日大使を66年まで務め、その後もアメリカ政府の対日政策に関与していた人物の発言だ。その意味は大きい。ただ、ライシャワーは冨森のインタビューでこうも言っている。

「日米安保条約で利益を受けるのは米国より日本であり、きわめて安上がりだといわねばならない」（7月24日付）

日本に艦船を置くアメリカ海軍第7艦隊の配置は日本の協力なしには難しい。そう述べたうえで、朝鮮半島で戦争が再発する恐れがあるとしてこう語った。

「もし、北朝鮮が韓国を征服したとすると、これは米国の利害関係より、日本の利害関係を決定的にそこなう。米国がこうした戦争を防止し、韓国の防衛線を維持するためには日本の支持が絶対に必要である。日本が支持しないならば、米国は韓国防衛が出来なくなるし、その時は日本自身が再軍備しなければならない。日米安保条約をとるか、再軍備をとるかのいずれかの道しかなく、日本はこの現実を直視すべきである」(同)

沖縄返還に関するライシャワーの「予測」は、おおむねその通りに動いていく。69年に日米両政府は「核抜き」での返還に合意することになるが、ライシャワーが前年の時点で、日米安保は日本にとって利益があると強調していた点も、注目しなければならない。とりもなおさず、それは笠信太郎が警戒し、多くの人々が懸念した「本土の沖縄化」につながっていくことだからだ。

❖「非核三原則」表明

このころ、沖縄に配備された核兵器について両政府はどう考えていたのか。

1967年11月、佐藤栄作はアメリカ大統領ジョンソンと首脳会談を行い、沖縄返還を協議。やがて日米両国の交渉は本格化へ向かう。

同年12月11日、佐藤は衆院予算委員会でこう述べている。

「忘れてはならないことは、わが国の平和憲法であります。また核に対する基本的な原則であります」

核兵器は「持たない、製造しない、持ち込みもしない」。「非核三原則」の正式表明だ。同じ日の委員会で、沖縄の核基地の扱いも問題になるが、佐藤はこの日は明言を避けた。

「核抜き」について、外務次官の下田武三は消極的だった。

「非核三原則」表明に先立つ同年2月、非公式に記者の質問に答える形で、極東の緊張が続くなか、全面返還を求めるならば、アメリカ軍に沖縄の基地の自由な使用を認めるかどうかについて国民がはっきりした態度を示すべきだ、との趣旨を述べていた（67年2月2日付朝日新聞）。

6月、駐米大使に着任する際の記者会見ではさらに踏み込み、「核基地の解消は今後の国際情勢の改善に待つこととし、当面は返還を実現して住民が国民と同じ生活ができるように努力すべきではないか」（6月16日付同紙）と語った。

「教育権返還」とは違う形の分離論とも言えるだろうか。沖縄だけは本土の基地とは違って当面の間は核配備を認めるということだ。「核つき返還やむなし」へ世論を導こうとの意図もうかがえる。笠信太郎が朝日新聞の連載コラムで批判したのは、まさにその点だった。

ちなみに日本の核武装については自衛のための必要最小限度であれば憲法9条の禁ずるところではない、というのが日本政府の公式の解釈ではある。それでも国土に核を入れないことは被爆国・日本の国民の願いであることは間違いない。

下田発言の後、朝日新聞那覇支局長、井川一久《いかわかずひさ》は「〝核つき返還論〟と沖縄の現状」と題する記事を書いた。こうした核論議について「本土側の都合だけを考えてのものではないか」との沖縄の不満を伝え、こう記している。

「嘉手納空軍基地に飛来するB52爆撃機が金網ごしに繁華街と相対し、読谷村《よみたん》の黙認耕作地（接収地内の未利用部分で農作業を一時許しているところ）では核装備の中距離地対地ミサイル『メースB』の格納庫のそばで農民がサトウキビを刈る、といった具合だ」（67年6月21日付）

ライシャワーがインタビューで「核抜き返還」に踏み込むのは「非核三原則」表明の7カ月後だった。

「東京本社で、とくに政治部の考えは『核抜き』での沖縄返還など難しいというものだった」

冨森は、返還合意前の朝日新聞社内の雰囲気をそう振り返る。

冨森が特報したライシャワーのインタビュー記事は、夕刊の1面トップを飾ったものの、直後、朝日にはこんな解説記事が載る。

見出しは「核心は自由使用に　基地〝本土並み〟に新解釈も」（7月26日付）。

要約すれば、ライシャワーの発言はアメリカ国務省の意向とは言えない。アメリカ軍が日本を防衛する以外の目的で在日基地を使用する場合の「歯止め」である事前協議制度は、返還にあたっては、沖縄の基地にそのまま適用するのではなく、ある程度の「自由」を認めざるを得ない。

対米交渉に向けた外務省当局などの考え方をまとめた記事だった。当時、朝日新聞社内には、「核つき」であっても、とにかく沖縄を返還させて、その上で核撤去を求めていくべきだ、との意見が有力だったという。

だが、アメリカを取材する冨森は本社内の考え方の「安易さ」を感じていた。

「『核つき』で返還されても朝日新聞としては社論で核を批判さえしていればいい、そういう考えだったようだ」

「沖縄」という戦後日本を象徴する問題に向き合う社内の姿勢は、明確に定まったものではなかった。

69年3月10日、参議院予算委員会。社会党議員、前川旦《たん》の質問に佐藤は答弁する。

「基地そのものがその現地にいる人たちの理解がなければ基地の効用を十分発揮できないんだ、これだけははっきりしているんですが、そしてそれがいまのように最もきらう核を持っている、なおさら理解はしにくいんじゃないか、そういうところの問題もあることは、これは百も承知でありますし、そういう意味の説得はもちろん私はしたいと、かように思っております」（委員会議録）

「核抜き、本土なみ」返還に向けてアメリカを説得していく考えを明らかにした。

一方、アメリカ政府は、沖縄での核配備について方針を固めつつあった。後年、公開された秘密文書から明らかになっている。

ライシャワーのインタビューから半年後、大統領ニクソンの指示により、アメリカ政府は対日政策の検討に着手する。69年5月付の「国家安全保障決定メモランダム13号」（ＮＳＤＭ13）には、沖縄返還に関する日本との交渉戦略が記されている。

69年中に基地使用などの条件で合意できれば72年の沖縄返還に合意するとして、核兵器についてはこう書いている。

維持を希望するが、緊急時の再貯蔵と通過の権利を残しつつ、最終局面で撤去の考慮の用意があることを示唆する――。ライシャワーの考え通りだが、そこには有事に際しての「核再持ち込み」の問題が残っていた。

✣基地を麻痺させる

沖縄返還に向け、基地や核兵器の扱いをめぐって日米両政府が互いの腹を探り合っていたころ、沖縄では民衆の忍耐が限界点に近づいていた。

1968年4月24日だった。朝日新聞那覇支局長、井川一久はアメリカ軍基地の食堂で働く若い女性から聞いた言葉を今も鮮明に覚えている。

「もういやだ。『血まみれのドル』では食べたくない」

基地内のウェイトレスで稼ぐ彼女は、知り合った若い兵士たちが戦場へ赴《おもむ》くのをこれまで何度も見てきた。そこで稼いだ金で生活する苦しさ、死地へ向かう兵士たちへの気遣い……。彼女の心意気の気高さに、井川は感動を覚えたという。

この日、沖縄各地のアメリカ軍基地はふだんとは違う様相だった。「全沖縄軍労働組合」(全軍労)が「10割年休闘争」と呼ぶ事実上の全面ストライキを初めて決行したからだ。全軍労は基地に雇わ

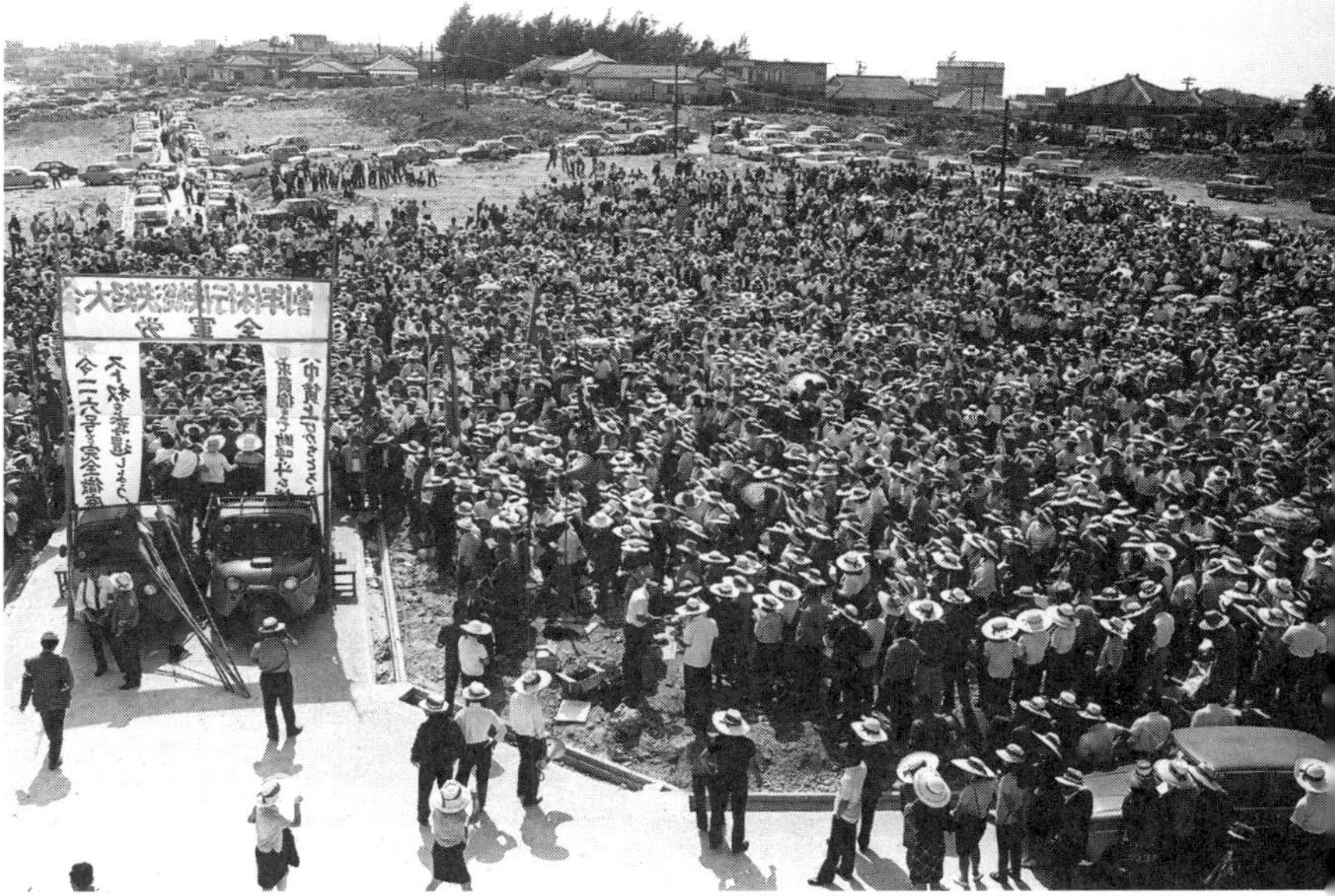

全面ストに入り、集会を行う全軍労の組合員ら［1968年4月24日、宜野湾市普天間　琉球新報社提供］

れた地元の従業員たち約１万８千人が加入する、沖縄で最大規模の労働組合だ。

要求項目は、大幅の賃上げ、スト権の獲得、そして最も重要なのが「布令《ふれい》１１６号の撤廃」だった。

前にも書いたが、復帰前、日本国憲法の及ばぬ沖縄の人々はアメリカが発した「布告・布令」に支配されていた。その中の「布令１１６号」は基地労働者を規制し、主要な職場の従業員にスト権はなく、違反すれば罰金、懲役。さらに団体交渉権も与えていなかった。労働者としての権利は保障されてなかったことになる。

全軍労が「10割年休」に向けて態勢を固めるなか、事態を重く見た琉球列島米国民政府（ＵＳＣＡＲ）は直前の４月22日、新しい労働政策を示す。

すなわち、①陸海空海兵4軍の代表からなる全軍合同労働委員会を新たに設置し、労組との団交を通じて賃金や労働条件の改善、苦情処理に当たる②布令116号を改正して労組に委員会との団交権を与える――と発表した。翌23日、全軍労と新設の労働委員会による初めての団交が行われたが、賃上げ要求に明確な回答はなく、物別れに終わった。

「10割年休」は決行された。

沖縄のアメリカ軍はベトナム戦争の真っ最中である。島にひしめく各基地それぞれの機能は有機的に結びつき、微細な欠損でも機能不全に陥りかねない。

井川は朝からスト決行中の基地を取材した。当時の記事によると、24日午前の段階で「年休」をとったのは非組合員を含め、約2万2千人。重要部門の過半数が就労しなかった。

井川が書いた当日1面トップの記事はこう伝えている。

見出しに「沖縄軍労組が〝全面スト〟軍事輸送にも影響　参加者、二万人越す」。

「軍用トラックの運転手、修理工などの欠勤によって正午までに、早くも第二兵たん部隊の物資処理が、なかば中止され、嘉手納《かでな》基地では空軍用の弾薬輸送が大幅におくれているといわれる。

また陸軍医療センターでは、看護婦約三百人が休んだため、ベトナムからの負傷兵などの看護要員が足りず、軍当局は非番の米兵を動員、民間からも臨時に従業員を雇入れるなど、急場しのぎに懸命のようだ。ただし嘉手納のB52大隊など、戦略部門は沖縄人従業員をほとんど使っていないため、全く平常通り動いている」（4月24日付朝日新聞夕刊）

井川が基地の食堂で女性従業員の言葉を聞いたのは、ストが一段落したその日の夕方だった。全軍労の闘争は、基地の給料で生活を支えながら、その機能をまひさせるということである。井川は「確かに矛盾している。しかし、その『矛盾』が沖縄だった」。

2回目の団交は翌日行われた。民政府は布令に定められた懲戒処分などの措置はとらなかった。全軍労の闘争はその後も繰り返され、復帰を求める人々のうねりは高まりを見せていく。

1968年5月27日、日米両政府は施政権返還に向けた協議を開始した。1回目の協議は外務省で行われ、駐日大使U・アレクシス・ジョンソンは外相の三木武夫に、沖縄のアメリカ軍基地の機能について、補給の拠点、通信の中枢、そして核を含む抑止力などと説明した。

その年の11月、琉球政府主席を住民の選挙で選ぶ初めての主席公選が行われ、復帰を訴える革新統一候補の屋良朝苗《やらちょうびょう》が当選を果たした。「祖国復帰協議会」（復帰協）の中核を担う「沖縄教職員会」の出身で、この勝利は復帰運動への大きな弾みとなる。

翌年1月、首相の佐藤栄作は、年内に訪米して具体的な返還時期を決める考えを示した。そして3月、「核抜き、本土なみ」返還でアメリカを説得する意向を表明する。

ちょうどこのころ、アメリカ軍は、本国から韓国まで兵員を空輸する大規模な米韓合同軍事演習「フォーカス・レティナ作戦」を、沖縄を中継拠点として行い、「太平洋の要石《かなめいし》」としての沖縄を強調していた。

全軍労ストの後、朝日新聞の井川は復帰運動を担う復帰協の幹部と語り合った。

沖縄返還へ政治が本格的に動き出し、アメリカ軍基地は増強されていく。そういうなかで、復帰協も苦悩を深めていた。復帰実現に向けてどんな運動をしていくべきか。ただ「即時無条件全面返還」を求めてデモを繰り返すだけでいいのだろうか。

アメリカ軍基地の取材を続けていた井川はこう言ったという。

「基地を抱えたまま復帰し、日米安保条約の適用を受けることには反対するべきではないか」

69年3月22日、復帰協は総会で新年度の運動方針を決めた。その基本目標に、まず憲法の適用を掲げた。

「日本国民である百万沖縄県民は当然、日本国憲法の適用をうけ、憲法によって日本国民としての諸権利が保障されなければならない」

続いて「軍事基地撤去」をはっきり掲げ、こう記す。

「憲法前文ならびに同第九条のわが国の安全と生存に関する規定に基づき、戦争を否定して、日米安保条約廃棄を求めて闘い、即時無条件全面返還の闘いを沖縄県民のおかれた立場から国民的連帯の中で強力に闘う」

井川は翌23日付の1面記事の解説にこう書いている。

「施政権返還にあたって『基地の自由使用』を認めるとすれば、無数の『基地公害』や人権問題はそのまま残るばかりか、米琉間に日本政府というクッションがはさまるため、基地反対運動もむずかしくなる」

復帰協が打ち出した新たな方針の思想は「反戦復帰」と呼ばれる。アメリカ軍基地に対する沖縄の人々の思いは、復帰への曲がりくねった道のりで次第に形作られていった。

✣北緯27度線にて

沖縄本島を出港した船は北へ向かった。

ほかの船と合流し、やがて本島最北端、辺戸《へど》岬から十数キロ北へ。その洋上に本土側からの船団が到着する。

北緯27度線――。いまだ異国の支配を受ける沖縄と、すでに日本に返還された奄美との境目である。

１９６９年４月28日早朝、沖縄タイムス記者、平良知二《たいらともじ》は沖縄からの船の上にいた。「海上大会」の取材のためだ。当時22歳。前月にタイムスに入社し、社会部に配属されたばかりだった。

その17年前、１９５２年の同じ日、サンフランシスコ講和条約が発効し、沖縄などは切り離されてアメリカの統治下に置かれた。

「沖縄デー」「屈辱の日」とも呼ばれた４月28日、全国各地で返還を求める集会が開かれ、洋上では沖縄と本土の双方から船を出して合流し、復帰運動への気勢を上げるという定例の大会の場所が、ここ27度線だった。

奄美《あまみ》、小笠原はすでに返還され、日米両政府は69年中の沖縄返還合意に向けて駆け引きを続けていた。

平良はその春、早稲田大学を卒業した。27度線は船で何度か通っているが、改めて考えた。

「ここで断ち切られている……」

東京での生活費は実家から送金されたドルを円に替えて使った。大学で英語の授業が苦手だったが、ゼミの教授には「沖縄なのに?」と聞かれた。

隔たりを感じながらも、日本国憲法にあこがれていた。憲法の本を読みふけり、前文と9条の理念に心ひかれた。

海上では本土から2隻の母船が到着し、「憲法の境界線」で大会は盛り上がる。「沖縄を返せ」の歌声が海に響き、上空を旋回するアメリカ軍のヘリコプターにこぶしを振り上げる参加者もいる。

だが、平良はそこでも、かすかな「隔たり」を感じた。翌日朝刊に載った「海上大会同行記」にこう綴っている。

「本土側の両母船の装飾された巨体に象徴されるようにこの大会は花《はな》やかさを増してきており、本土側に〝お祭り〟的気分で、この花やかさに酔いしれる人がいるのも事実だ。参加者のある一人は『沖縄を返せを叫びに来たのではない。たぶん最後の大会になるだろうと思って来たのだ』と言った。そこには強力な運動を展開できる行動形態への模索がうかがわれた。もみにもんだ『海上大会』に鋭い批判をする人も多かった」(4月29日付沖縄タイムス)

前年の68年、アメリカ側が任命していた行政主席を住民が選ぶための選挙が初めて行われ、革新の屋良朝苗が保守の西銘順治《にしめじゅんじ》を破り、復帰運動にはずみをつけた。一方、運動を担う沖縄の革新勢力は中央での党派対立の影響も受けていた。本土との乖離《かいり》を多くの人が感じていた時代だった。

この日、朝日新聞の社会部記者、轡田隆史《くつわだたかふみ》も沖縄からの船団の母船「第5国幸丸」に乗船していた。「海上大会」を取材しながら平良と同じような違和感を抱いていた。

洋上で合唱し、叫び声を上げ、やがて大会が終わる。離れゆく両船団の間に、轡田は差を感じた。本土側の陽気なまでのにぎやかさと裏腹に、沖縄の船には沈黙が広がる。

記事にこう綴った。

「どうしたことか、こちら、第5国幸丸の甲板は、重苦しいほどの静けさだ。あの快活さはどこへ消えてしまったのだ。痛いほどの沈黙はなにを意味するのだ」（69年5月21日付朝日新聞）

そして船上にいた一人の青年の、こんな言葉を続けた。

「いま別れたあの人たちは、そのまま日本の生活にもどり、僕たちは米軍基地の島にもどる。この二七度線は、あの人たちにとっては象徴だろうが、僕たちにとっては現実なんだ。保守も革新も、本土の人々は、沖縄のなにを知っているのだろう」（同）

この記事は、「沖縄報告」と題した連載記事の4回目だった。

本土にとっては意気の上がる政治運動でも、沖縄の人が陸地へ戻れば異国の支配を受ける故郷が横たわる。

轡田がそのことを重く受け止めたのには理由があった。

取材班の一人として沖縄に来てから、地元の記者や復帰運動に関わる人々と酒を酌み交わす機会を持った。

泡盛を飲み進むにつれ、その人々からこぼれるのはこんな言葉だ。

「復帰して何が変わるんですか」

1969年中に日米首脳会談が開かれ、そこで沖縄返還は合意されると見られていた。だが、基地に貯蔵された核兵器はどうなるか。撤去されても島じゅうに広がるアメリカ軍基地は復帰後も残るのではないか。復帰への機運が高まるにつれ懸念も広がっていた。

それ以上に沖縄の人々を締め付けていたのは、本土から受け続けてきた「差別」だった。

戦争、アメリカ統治、軍事基地化――。

「復帰してその差別がなくなるとは思えない」

そんな言葉を投げかけられたことを轡田は記憶している。本土から来た取材班の記者たちが抱く復帰への高揚感とは隔たりがあった。

「私たち本土の人間には『甘さ』があった」

今も、轡田は沖縄の姿を考えながらそう思っている。

✥連載「沖縄報告」

朝日新聞の連載記事「沖縄報告」は、1969年5月から10月まで、通算100回に及んだ。

年内にも行われる日米首脳会談に向け、沖縄返還は注目のニュースだった。政治部、社会部、学芸部など各部から記者を出し、巨額の取材費を投じた大型企画だ。

著名人から市井《しせい》の人まで人模様を描きながら、生活、文化、風俗など社会の様々な面を伝える内容だった。爆音下での学校の授業という基地被害の実情にも触れている。

編集委員で取材班キャップを務めた桑田弘一郎は「沖縄を読者に知らせるためのルポに徹した」という。

当時、那覇支局員で後にニュースキャスターとして知られた筑紫《ちくし》哲也は、連載80回目で「住民の願い映す新聞　代弁者　監視と圧力の中」という記事を書いている。

アメリカの圧政に立ち向かう沖縄の新聞人の奮闘と、そこに寄せられる人々の期待を綴ったものだ。

「財界などがなんどか試みた不買運動や『穏健な新聞』の育成は今まで一度も成功していない。それどころか、米軍や支配層に肩入れしたととられる記事が出ると、『どうして論調を変えたのか』『甘すぎるじゃないか』と投書や電話が新聞社に殺到する、という。

読者の気持に背を向けた新聞を買うものはいない。長い異民族統治と不健全な社会で、思い通りにものをいえぬことの多かった住民にとって、新聞はそのはけ口、代弁者であり、自分たちのこころをそこに映し出すことを求めてきた、といえないだろうか」（9月23日付）

そして、沖縄タイムス創業者の一人、豊平良顕《とよひらりょうけん》の言葉で沖縄の新聞人の思いを伝えている。

「報道の客観性、ということをよくいわれるが、人間解放、人道主義という立場を離れた、そんな客観性などあるはずがない。その立場に立って新聞を作ってきた私たちに客観性がないとは思わない」（同）

「平和憲法　戦後生《うま》れにも実感」（10月7日付）と題する記事は、社会部記者、松井やよりが取材した。

戦略爆撃機B52の爆発事故の直後、地元の人々の声などを録音し、作品に仕上げた読谷《よみたん》高校放送部の生徒たちに取材し、「あの恐ろしさを、なんとしてでも沖縄じゅうに、本土に訴えたかった」という女子生徒の言葉を書いている。

その記事は、沖縄キリスト教学院短大学長、平良《たいら》修《おさむ》のこんな言葉で締めくくられる。

「復帰運動を熱烈に支持したのも、憲法にあの九条があったからです」

66年に高等弁務官アンガーの就任式で牧師として祈りを捧げ、最後の高等弁務官となりますように――と述べた人物だ。

取材班キャップの桑田は回想する。

「核兵器や基地の問題はともかく、『日本人でありたい』という思いが、ぼくら以上に沖縄の人たちには感じられた」

取材班の記者たちは、平和を謳歌する日本への復帰を願う沖縄の人々の言葉に触れながら、その心の奥にひそむ思いをつかみかねていた。

✤「沖縄も一地方」

「沖縄報告」にはこんな言葉も出てくる。

「あんなもの（B52）日本に持って行けばいいんですよ。私はいいますよ。ああ、日本に持って行け。君たち（と、記者をにらむ）が戦争したんじゃないか、と。こんな狭い所にあんな大きなことをする飛行機を置いたら困る、と。冗談じゃない、と。その上、民族までさ、卑下してしまって、バカにされてさ……」（7月2日付）

言葉の主は、戦後の沖縄で知られた女性起業家、照屋《てるや》敏子。「女傑　ぶちまくる〝独立論〟」という記事だ。

祖国復帰を多くの人が願いながらも、拭《ぬぐ》いがたい本土への不信感は、時に激しい言葉になってこぼれ出る。

照屋に取材をした記者、辰濃《たつの》和男はこの時39歳。沖縄の人々が抱く思いについてこう語る。

「戦争中に祖国は何をしてくれたのか。その怒りが分からなければ、沖縄の人の考えは理解できないと思う」

海上での沖縄船団の「沈黙」を連載に綴った轡田は当時33歳。沖縄の人たちの言葉に耳を傾け、敬服しながら、言いようのない居心地の悪さも感じていた。

「復帰して何が変わるのか」と問われ、「異民族支配よりはいいはずです」と言い返し、何度も議論になった。

今思えば、復帰に向けた高揚感のなかで「沖縄の人の双眼の奥にひそむ思いを読み取れなかったのではないか」。

忘れられない場面がある。

そのころ沖縄には、取材班以外にも朝日新聞編集局の記者たちが出入りしていた。先輩にあたる一人と酒席を共にしたとき、その先輩のこんなもの言いから激論になった。

「復帰すれば、沖縄も一地方に過ぎない。沖縄のニュースは県版で扱えばいい」

全国紙の紙面には全国版の面とローカルニュースを扱う地域面（県版）がある。

復帰後の沖縄はもはや全国ニュースではないという言葉に轡田はいきり立った。

「それは違うでしょう。沖縄は全国紙の朝日の『本紙（全国版）もの』だ」

日本全体の問題として取材している、という意識が轡田にはあった。

だが、その先輩はこうも言った。

「復帰したら、いつまでも甘やかすわけにはいかない」

沖縄を甘やかすな――。激しい言い合いを思い返しながら轡田は考える。その発想は、今も本土のメディアの中に存在するのでは、と。

✣反復帰論

沖縄とヤマトの隔たり――。それはアメリカの支配を受ける地と「平和憲法」のもとにある本土との隔たりだ。

そのことの意味を、彼は考え続けてきた。

新川《あらかわ》明《あきら》。沖縄タイムスの記者であり、後に同社の社長も務めた。80代となった今も沖縄の言論界で発言を続けている。

沖縄返還に向けた日米交渉が続く1969年4月から5月、タイムスに「疎外の系譜」と題する連載記事が掲載された。日本から切り離された沖縄にとっての復帰の意味を掘り下げた内容だ。

新川は、連載の第2部「憲法と復帰」で10回分を執筆した。その中で「日本国民は、正当に選挙された国会における代表者を通じて……」で始まる憲法前文を全文引用し、それに続けてこう書いている。

「まことに格調高く、美しいことばであるが、敗戦後二十四年、この憲法に保障された諸権利から断絶され、軍事占領支配下にある沖縄の歴史体験の上でこれを読むとき、そのことばが格調高く、美しければ美しいほど、はげしい怒りをともなったそらぞらしさを覚えるのも事実である」（69年5月2日付沖縄タイムス）。

憲法記念日の5月3日、タイムスは1面トップに「平和憲法への復帰を」の横見だしを掲げた。新川は憲法9条の意義を讃えながら、同じ3日付の連載でこう訴えた。

「日本国憲法を〝平和憲法〟とよび、あるいは〝民主憲法〟と呼ぶわけだが、その出発において、

元沖縄タイムス記者、新川明さん

沖縄を疎外したということで構造的に矛盾をふくんだ出発であり、当初から真実の意味で〝憲法の理念〟に反していたともいえるだろう」

新川はやがて9条の構造について次のような思いに至る。

沖縄を「担保」として基地に提供し、日本の安全保障を確保している——と。

「平和憲法のもとへ」を掲げた、当時の復帰運動のあり方を「幻想」として批判していく。「反復帰論」と呼ばれる主張のひとつだ。

新川がタイムスに入社した50年代、アメリカ軍は「銃剣とブルドーザー」と呼ばれる土地の強制接収を行い、民衆の「島ぐるみ闘争」が沖縄に広がった。大阪に勤務していた時、60年安保闘争に接した。だが、そこでは安保を考える上で主眼であるはずの沖縄の実情は語られず、「本土の『沖縄化』を許すな」という趣旨の抗議を耳にした。

日本の人々のエゴイズムを感じ取った。

新川は言う。そのころも今も「憲法はすばらしい」という思いは揺るぎない、と。だが、それが沖縄の犠牲の上に成り立っているとしたら、本土が9条をないがしろにしていることになるのではないか。

連載が掲載されたころ、「沖縄報告」を書くために取材にきていた朝日新聞の轡田《くつわだ》は、新川とも酒を酌み交わしたという。彼の思いを十分に読み取れなかったことを今、申し訳なく感じている。

それより2年前の1967年に朝日新聞の元論説主幹、笠《りゅう》信太郎《しんたろう》は朝日夕刊の連載コラムで沖縄の現状と平和憲法の乖離を指摘し、沖縄返還は時期尚早ということを書いた。

新川が主張したことは、笠が書いたことを沖縄の側の視点で問い直したように読めるのだ。そしてそれこそが沖縄とヤマトが重なり合うことの難しい隔たりなのではないだろうか。

新川の「疎外の系譜」にこんな一節がある。

「攻撃用核兵器をもつ沖縄の軍事基地や、安保体制そのものがいわゆる極東の緊張の原因となっていることは疑えないことであれば、その渦中に生きる沖縄県民にとって〝自衛〟の名のもとに進められる〝平和憲法〟の空洞化こそ切実に悲しく思われるのだが……。空洞化を阻止して、憲法本来の理念を希求する拠点として〝沖縄〟を考えたいのである」（69年5月8日付）

✣総理の密使

1969年11月、首相、佐藤栄作とアメリカ大統領リチャード・ニクソンは、沖縄返還に合意する。

そこに至る道筋で何が行われ、「祖国復帰」という沖縄の人々の悲願は、どのように姿形を変えていったのか。

当時を知る記者たちの証言や残された記事、明らかにされた資料から、その過程を見ていきたい。

朝日新聞記者、松山幸雄《まつやまゆきお》が彼と出会ったのは、特派員としてアメリカにいたころだった。たびたびアメリカに出入りしていた日本人の国際政治学者の一人で、若く鋭そうな印象を受けたという。

自宅に招いて夕食をともにした。初対面だと思っていたが、話すうちに実は2人とも同じ時期に東京大学法学部に在籍していたことに気づいた。

大学にはあまり行かなかったからな――。そんなことを言って笑い合った。

彼の名は、若泉敬《わかいずみけい》。

ある密命を帯びて、沖縄返還交渉に関わることになる。松山はその後も何度か会う機会を持ったが、そのことを若泉は、ついに明かさなかった。

1966年7月、京都産業大学教授だった若泉は、アメリカの国防長官ロバート・マクナマラとの単独会見に成功する。当時、マクナマラが個別の取材に応じることはまれだった。

同年の『中央公論』9月号に掲載された「マクナマラ米国防長官　単独会見記」には、国防総省（ペンタゴン）の執務室で若泉が行ったインタビューの全文がある。

目を引くのはアメリカの安全保障にとっての諸国との関係、とりわけ日本との関係の重要さに触れた部分だ。

マクナマラは言った。

「日米関係についてのわれわれの見解は、われわれ米国は経済的、政治的、軍事的に強力であるけれども、しかしなおわれわれ自身の安全保障を確保するに十分なほど強力ではない、というわれわれの所信に基づいています。つまり、われわれ米国の安全保障は、他の諸国との関係に依存しているわけで、とりわけ日本のような国との関係に依存しています。したがって、日本とのあいだの文化的、経済的、政治的、軍事的な強力な関係というものは、われわれ米国自身の利益……われわれ自身の利己的な利益……に非常に大きく沿うものでありまして、われわれはその利益を発展させていきたいと考えているのです」

若泉敬氏が著した『他策ナカリシヲ信ゼムト欲ス』の表紙

　インタビューでは沖縄返還には触れていないが、アジア情勢や核抑止、日米関係、マクナマラ自身の安全保障の考え方にも及ぶ内容だった。

　若泉の後年の著作『他策ナカリシヲ信ゼムト欲ス』（文芸春秋）によると、この「単独会見記」が、当時の自民党幹事長、福田赳夫《たけお》の目にとまったようだ。

67年9月29日、若泉は福田と会い、そこで沖縄についてのアメリカ政府の意向を打診するよう要請を受ける。

その年の11月には首相、佐藤栄作と大統領リンドン・ジョンソンの首脳会談が行われることになっており、沖縄返還が焦点だった。

若泉は会談に先立ってアメリカ政府の中枢と水面下で折衝に当たることになる。

『他策……』にこう記している。

「いま振り返ってみると、大げさな表現ではあるが、この一九六七年九月二十九日で、私の第一の人生は終り、第二の人生が始まったようなものであった。なぜなら、一方でいままでどおりの研究生活、家庭生活を続けながら、少なくともそう装いながら、他方では同僚にも友人にもそして家族にすら察知されてはならない、隠密で孤独な舞台裏での闘いを同時に遂行する〝二重生活〟が始まったからである」

67年11月、佐藤は大統領リンドン・ジョンソンと会談し、共同コミュニケの中に次の文言が盛り込まれた。

「首相と大統領は、沖縄・小笠原諸島について隔意なき討議をとげた……首相は、さらに両国政府がここ両三年内に双方の満足しうる返還の時期につき合意すべきであることを強調した。大統領は、これら諸島の本土復帰に対する日本国民の要望は、十分認識しているところであると述べた」

翌68年の大統領選挙でリチャード・ニクソンが当選し、両国の沖縄返還交渉は本格化していく。『他策……』によれば、69年7月、若泉は外相の愛知揆一《きいち》、佐藤に相次いで会って、アメリカで大統領補佐官ヘンリー・キッシンジャーの考えを探るよう要請を受けた。当時大きな問題だったのは沖縄に配備された核兵器の扱いだった。

前述のように、佐藤はその年3月の国会で「核抜き」での沖縄返還実現に向け、アメリカを説得する考えを明らかにしていた。

渡米した若泉に、キッシンジャーは核兵器撤去の可能性を示唆したうえで、有事の際に「再持ち込み」を保証できるか、を問いかけた。

同じころ、外務省も「核抜き本土並み」の沖縄返還のため、アメリカ当局との折衝を続けていたが、若泉は佐藤の「密使」として極秘のうちにキッシンジャーとの会合を重ねた。

2人は話し合い、再持ち込みを認める機密文書「合意議事録」を作成するとともに、公式の合意内容である共同声明の文案をもキッシンジャーと協議した、と若泉は回顧している。

✣機密文書の存在

その書面を私が見たのは、2009年12月22日だった。

場所は東京都内。佐藤栄作の次男、信二が自らの事務所で「合意議事録」の実物を見せてくれた。

表題に「1969年11月21日発表のニクソン米大統領と日本の佐藤首相による共同声明に関する

合意議事録」とある。

左上に「TOP　SECRET」（機密）、2枚目には2人の首脳の署名がある。Richard Nixon はブルーブラック、Eisaku Sato はブルー。

沖縄返還に合意した日米共同声明の発表の2日前、両首脳がホワイトハウスの執務室に隣接する「小部屋」で署名を交わしたとされる。

書面にはこう書かれている。

合衆国大統領：……日本を含む極東諸国を防衛するという、合衆国が負っている国際的責任を効果的に遂行するためには、重大な緊急事態が起きた際、日本政府との事前協議を経て、核兵器の沖縄への再持ち込みと沖縄を通過させる権利を必要とするであろう。合衆国政府はその場合に好意的な回答を受けられるものと期待する。合衆国政府はまた、沖縄に現存する核貯蔵施設の所在地である嘉手納《かでな》、那覇、辺野古《へのこ》及びナイキ・ハーキュリーズ基地を、いつでも使用可能な状態で維持し、重大な緊急事態の際には実際に使用できるよう求める。
日本国首相：日本国政府は、大統領が上記で述べた重大な緊急事態の際の合衆国政府としての諸要件を理解し、そのような事前協議が行われた場合には、これらの要件を遅滞なく満たすであろう。

返還にあたって核兵器は撤去し、「事前協議」制度など日米安保条約の取り決めは沖縄にも適用するが、必要に応じて核の再持ち込みは可能にする――。

そう約束した秘密合意文書だ。

若泉は自らの著書に「合意議事録」のコピーを載せ、その存在を明らかにしていたが、日本側に現物が残っていたことはそれまで分かっていなかった。父・栄作が公邸で使っていた机の引き出しに残っていた、と信二は説明した。署名も父のものに間違いないという。『他策……』によると、佐藤はいったんは秘密合意に難色を示すものの、最終的には同意する。文書について厳重な保秘を確認する若泉に、佐藤は「それは大丈夫だよ。愛知にも言わんから。破ったっていいんだ。一切、言わん」と答えたという。

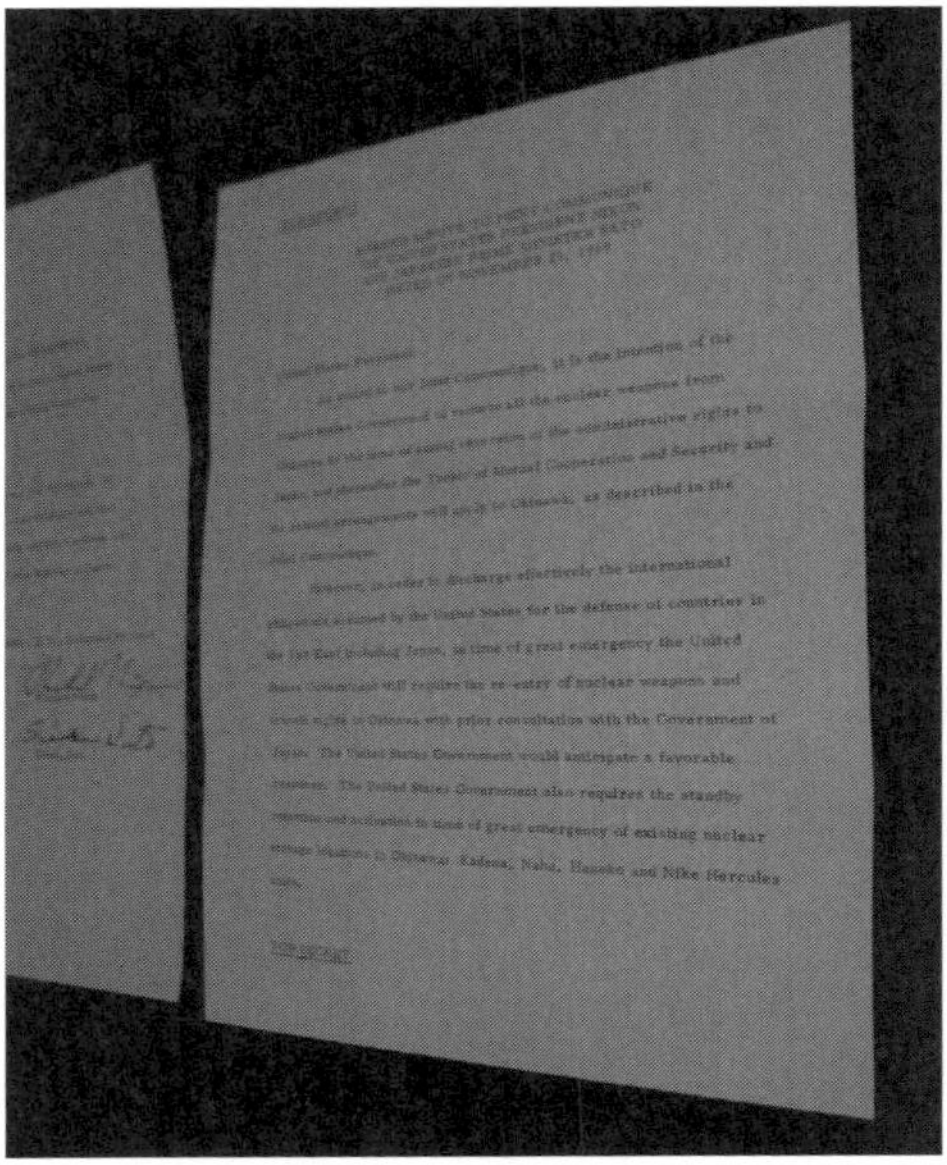

日米首脳会談で交わされた、沖縄への核兵器再持ち込みを認める密約文書

信二に尋ねた。

――机の中に入れていたと言うことは、その後の首相には引き継がれなかった？

「次の首相の田中角栄さんに見せたかどうか。たぶん伝えてないと思う。というのは、常識的に考えて有事になったら、日本が米国の要請を拒否したとは思えない」

――文書には今も効力がありますか？

「プライベートレターだと思う。公私の別をはっきりする人で、私文書だから持ち帰ったと思っている。公文書というなら官邸に置いただろう。これによって沖縄が返ってきたと結び着けるのは短絡的だと思う」

「密約文書発見」のニュースは翌日12月23日付の朝日新聞朝刊に載せたが、惜しいところで読売新聞に先んじられた。

同じ文書はアメリカ政府も保管しているはずだ。日米の両首脳が自ら署名し、取り交わした文書が「プライベートレター」とは言い難いものの、もし本当に後任の首相たちに引き継がれず、外務省当局もあずかり知らぬとすれば、この密約の意味をどう考えるべきか。

後年、秘密合意に関わった若泉は「沖縄に申し訳ない」と周囲に語っていたという。

今日、沖縄にアメリカ軍の核兵器が再配備されることはまず考えられない。もちろんあの当時、「合意議事録」の効力がどうだったのか、その検証はさらに続けていくべきだが、実際のところ、日本政府は若泉の秘密合意とは別に、有事の際には沖縄への核再持ち込みを認める腹を固めていたと考えられる。後述するが、重要な点はそのような日本政府の腹づもりと、若泉が作った合意議事録とは、実は無関係ではなかったとみられることだ。

一方、アメリカは沖縄への核再持ち込みの権利を確保し、最終局面では撤去に応じる方針を69年5月の時点で決めていた。秘密合意はそれに沿った内容だった。

核をめぐる外交交渉が水面下で進む中、日本のメディアは裏に秘めた合意の存在にどれだけ気づいていたのか。それを振り返っておきたい。

✣「核抜き」の意味

返還までに、沖縄に貯蔵された核兵器をすべて撤去すること――核抜き。紛争などの緊急事態では再度、核を貯蔵、通過させること――有事再持ち込み。後者が秘密合意にあたるものだ。

若泉がキッシンジャーと秘密裏に作成した「合意議事録」は、その「再持ち込み」を認めるものだった。

キッシンジャーの回顧録『キッシンジャー秘録』には、秘密協議について「二人は、両国の官僚機構の頭越しに、秘密のチャンネルをつくりあげた」とある。

首脳会談を取材した朝日新聞の記者たちは、2人の交渉には気づかなかったようだ。しかし、核をめぐって両政府が続けているぎりぎりの折衝を探り出しつつあった。

首脳会談の直前、69年11月、アメリカ側の思惑を1面でこう書いている。

見出しは「日米首脳沖縄交渉『有事核持込み』が焦点」。

「米側は、返還時には沖縄に核兵器がない状態だと日本側が国内に説明することを認める形で、いわゆる『核ぬき』の要求に応ずる腹を固めている模様だ。しかし、これとは別に将来の『有事核持込み』については、日本側に対して、はっきりクギをさしておく必要があるとの意見が軍部・国防総省に強く、これを反映して、ニクソン大統領が直接、佐藤首相との会談の場で、将来、核持込みの必要が起る可能性のあることを発言する公算が大きいといわれる」（1969年11月8日付朝日新聞）

「核抜き」には応じるが、「再持ち込み」を求める。そのことを最終局面の首脳会談でニクソンが直接、佐藤にそのことを告げる可能性を伝えた。

11月19日、佐藤とニクソンの首脳会談は始まった。その初日、ホワイトハウスの執務室に隣接する「小部屋」で両首脳は秘密の「合意議事録」に署名する。

毎日新聞はこう報じた。

「消息筋の間では〝有事核持込み〟について、両首脳の間で極秘の了解が成立したという見方が強まっていることである。同筋の見解は、共同声明では沖縄の『七二年返還』が記入されるが、その合意達成までに『核兵器は一時撤去するが、緊急の際には日本の同意のもとに再び持込める』と了解し合ったという。むろんこの点は共同声明には記入されていない。

このような形で日本側は『核抜き返還に合意』と説明し、米側は議会タカ派などに対し『沖縄のアジア防衛における戦略的役割は保証されている』と説明、それぞれの国に向けて、満足のいく結果だと釈明できるわけだと同筋は指摘している」（11月21日付毎日新聞夕刊）

ホワイトハウスで交わされた秘密合意をほぼ言い当てている。

一方、外務省も、会談までのアメリカ側との交渉で、共同声明の文案に修正を加え、再持ち込みの「事前協議」を受けた場合に応諾の余地を残すことで、核撤去を実現しようとしていた。11月21日（日本時間22日未明）、会談は閉幕。72年中の沖縄返還を盛り込んだ共同声明が発表された。朝日新聞の記事は見出しに「日本の核政策　尊重を確約　事前協議　米の立場害さず」（22日付）。そして共同声明に記された、ある文言を取り上げ、こう報じた。

「日本側はこれを核有事持込みを予約したものではないと説明しているが、米側では『有事持込みへの道を事実上残したものだ』と解釈されている」（同）

現地で首脳会談を取材していた朝日新聞の記者は、アメリカ総局長、木谷忠と総局の記者たち、そして東京本社政治部から特派された冨森《とみのもり》叡児《えいじ》だった。

1面トップで、有事での「再持ち込み」に余地を残したことを指摘したのは、「核抜き・本土並み」での72年返還を掲げる共同声明第8項のことだった。

共同声明第8項——総理大臣は、核兵器に対する日本国民の特殊な感情およびこれを背景とする日本政府の政策について詳細に説明した。これに対し、大統領は、深い理解を示し、日米安保条約の事前協議制度に関する米国政府の立場を害することなく、沖縄の返還を、右の日本政府の政策に背馳《はいち》しないよう実施する旨を総理大臣に確約した——。

ここにある「米国政府の立場を害することなく」という文言が、核再持ち込みの事前協議を受けた場合に、日本はその立場を尊重し、容認するということを指摘した記事だった。冨森によると、総局長の木谷が最終的に関係者に確認を取り、出稿を決めたという。

外相の愛知揆一は記者会見し、第8項については「非核三原則」を挙げて、「有事持ち込み」の保証を与えたものではない、と説明し、その場で朝日新聞の記事をやり玉に挙げ、「けしからん」と公然と非難したという。

会談閉幕後、佐藤、愛知ら一行はニューヨークへ移動した。木谷と冨森は追いかけて愛知にインタビューし、再度、第8項の意味を問い、その言葉を記事にした。

「外相は質問に対し、共同声明の中の最大の疑問点とされる将来の核兵器の扱いについて『事前協議の本来の建前からいって核の問題でも事前協議の対象になることは事実であり、米側が将来、有事の核持込みを事前協議にかけてくることを禁止するものではない。しかし、返還時核ぬきはいうまでもなく、実際には将来の持込みについても心配ない』といい切った」（11月23日付朝日新聞）

ここでも、朝日新聞が指摘した核再持ち込みの可能性を否定している。

たびたびの引用だが、若泉の著作にはこんな記述がある。会談4カ月前の7月7日、若泉は愛知に会い、外務省とは「別ルート」でキッシンジャーの考えを探るよう依頼される。核に関する交渉での政府の基本方針をたずねる若泉に、その時、愛知は明快にこう答えたと書かれている。

（一）核抜き、本土並み。
（二）事前協議は適正運用をはかる。
（三）緊急時の核の持ち込みに対して、イエスもありうる。
（四）特別の取り決めや秘密協定は結ばない。

冨森たちの取材への回答とは異なっていた。

それから41年後、戦後日米外交の密約について調査を行った外務省の有識者委員会が、検証結果を発表した。

若泉が関わった秘密合意の調査に関連し、座長の北岡伸一は共同声明第8項について会見でこう説明した。

「外交的な婉曲《えんきょく》な表現で言えば『ぎりぎりの場合には核の再持ち込みはノーではない』と示唆したと読める」

つまり、若泉とキッシンジャーが作成した「合意議事録」は共同声明を大きく超える合意ではなく、「必ずしも密約とは言えない」というのが報告書の結論だった。

当時の政府は緊急時には「再持ち込み」を認める腹づもりを持ちながら、公にはそれを否定していた。国民に明かされなかった外交上の取り決めをどう考えるべきなのか。有識者委のこの結論には委員の中からも異論が出された。

もうひとつ、考えなければならないことがある。

『他策……』には、若泉とキッシンジャーは、その共同声明の文言の調整も行ったことが書かれている。佐藤から共同声明の案文3案を渡され、これをもとに、日本側により有利なものからより厳しいものまで5通りの案を作成し、英訳してキッシンジャーに示した。

核の扱いに関する日米交渉は最終局面までもつれ込み、両首脳の会談に託されることになるが、若泉とキッシンジャーは、佐藤がまず日本側に有利な案を示し、次に譲歩した案を示して合意するという「シナリオ」を作ったという。

つまり、若泉は日米交渉で裏と表の合意の両方に関わったことになる。共同声明第8項の文言は玉虫色で明確に再持ち込みを認めたものではない。それゆえ、日本政府は再持ち込みを否定しつづけることもできた。しかし、もし裏の合意議事録が存在しなかったとしたら、アメリカ側は声明の文言をさらに明確にするよう求めた可能性がある、とは言えないだろうか。

✣沖縄では……

1969年11月22日（日本時間）、沖縄返還は合意され、戦後四半世紀に及ぶアメリカ統治の終結が決まった。

日米首脳会談を取材するため、アメリカに派遣されていた沖縄タイムスの記者、又吉稔《またよし》は当時40歳。喜びより失望のような感情を抱いていた。

核兵器を含めたこれからの基地のあり方には不透明さが拭えない。しかも最も苦悩してきた沖縄の人々の代表は、もとより外交交渉の場にはおらず、権力を持つ首脳たちの会談でそれが決まってしまう。

国際電話で那覇の本社に現地での印象を伝えた。それをまとめた記事で又吉は核持ち込みについてこう語っている。

「日本側に非核三原則があるにしても、将来、三原則が堅持されるのか、また有事の際に事前協議にかけるにしても果たして〝ノー〟でいけるのか、不安があるわけです」（22日付夕刊）

記事には又吉のこんな表現がある。

「冷ややかに見て沖縄をピンポンダマよろしくやりとりしたという……」（同）

会談の前から各地で抗議の動きが広がっていた。

11月13日には全国各地で、首相、佐藤栄作の訪米に対する抗議行動があり、沖縄の那覇軍港前では大勢が座り込みをして混乱し、けが人もでた。

佐藤訪米当日の17日には、アメリカ空軍嘉手納基地近くのグラウンドで、「核つき・基地自由使用をたくらむ佐藤訪米に抗議し、即時無条件全面返還を要求する県民総決起大会」が開催され、主催者発表で5万5千人が集まった。

取材した朝日新聞那覇支局長、井川一久は、大会後のデモ行進が、なんともいえず寂しげに見えたことを今も覚えているという。人々の列に、悲願の成就《じょうじゅ》を目前にした高ぶりは感じられなかった。

22日未明、返還合意発表。

沖縄タイムスはその日の夕刊で、1面トップを横に貫く形の社説を載せた。社説を夕刊に掲載すること自体、異例のことだった。

「歴史の転換のなかで」と題する社説を引用しておきたい。

前段にまず復帰への感慨を記している。

「現在の極東情勢下での沖縄米軍の重要な役割りとか、極東の安全をそこなうことなく、という条件というか、制約というものが付帯し、無条件全面返還には、ほど遠い印象を強く受けることではあるが、七二年返還は、ほぼまちがいなく実現すると受け取ってよいであろう」

そして、「あと二年余で布告、布令による米軍統治下から解放される。それはわれわれの生き方を大きく変えていくことであろう。多少誇張した言い方をすれば、沖縄にとっては変革期を迎えるということにもなろう」。

四半世紀という時の流れを振り返れば、沖縄戦の戦火を体験し、核兵器や基地の問題に翻弄されながら、さまざまな思いが複雑に交錯する沖縄の現実がある。そうしたなかで人々の真の願いは何か。

「無条件全面返還については、われわれは何度か見解を述べてきた。それは要約していえば安保体制下への復帰ではなく、憲法体制下への復帰ということであった。ここでそのことを再確認するなら、沖縄の大衆運動は明確に本土なみを乗り越える努力が要請されなければなるまい。そこから、これからの新しい運動の出発点を見出さなければならないのではないか。

安保体制と憲法体制――これは二律背反ともいわれるように、常識的に考えても矛盾なしに融合する性質のものではないであろう。憲法第九条は戦争の愚行という反省から生まれ、国家や権力の武装がいかに危険であるか、という思想とも関連しているという」

復帰実現に向けた沖縄の大衆運動が目指すべき道とは何か。

「実際問題として復帰すれば、体制側からの攻勢は強くなろう。しかしそうだからといって、それだけで憲法復帰が否定される理由にはならない」

憲法9条の理念に近づくために――。

「憲法体制が指向するものと、空洞化の実態に直接にかかわることによって、より具体的な運動への出発を可能にするのではないのか。その後に何を想定するにせよ、それは回避すべきでない過程であり、そう考えることによって復帰を意義あるものにしたい」

憲法の「空洞化」が叫ばれ、復帰運動が掲げた「平和憲法のもとへ」という言葉は幻想だとの批判もある。社説はそれらをのみ込んだうえで、復帰を自らの道ととらえ、憲法のために沖縄が新たな力になろう、と呼びかけた。

そして、この一文で最後を締めくくった。

「そこに新たな差別と疎外が待ち構えているとしても――」

執筆した比嘉盛香《ひがせいこう》は、憲法の理念に心ひかれた沖縄の記者の一人だった。

シベリア抑留を体験し、戦後創刊された沖縄タイムスに入社。論説委員などを務め、復帰の5年後、55歳で死去するまで、激動の時代にタイムスの社論をリードした。

沖縄返還合意という歴史的な日に掲載された、この社説は、今日の沖縄の姿を見通すような何かを感じさせる。

日米首脳会談の取材で渡米していた又吉稔は帰国後、その社説を読んで深く感銘を受けたことを、

沖縄戦のさなか、住民が逃げ込んだ壕（ガマ）の前で手を合わせる若泉敬氏
[1995年 山岸豊治さん撮影]

いまも覚えている。

首脳会談の後、佐藤栄作はナショナル・プレス・クラブで演説する。そこで朝鮮半島の有事を想定し、アメリカ軍が日本から発進するための事前協議を受けた時には、前向きに対応する考えを表明した。このことは以前から日米間で、ひそかに合意されていたことが現在では判明しているが、そのことを佐藤は公式に表明したのである。

朝日新聞は23日付の社説で、共同声明の文言を取り上げて核兵器の再持ち込みへの疑念を指摘するとともに、佐藤の演説についてこう論じている。

「沖縄返還によって、基地の自由使用を封じられるのではないかという米側の不安を解消するための発言である……安保条約が実質的にその性格を変えたといわざるを

えない」（11月23日付朝日新聞）

沖縄返還とともに日米安保体制はより強固なものに変貌していく。沖縄の道のりは憲法の揺らぎとともに曲がりくねり、その先行きは見通せなかった。

返還交渉の水面下で核に関する秘密合意に関わった若泉敬は、その後、故郷の福井県へ帰る。返還合意から四半世紀後、秘密交渉の経緯を詳しく振り返った『他策ナカリシヲ信ゼムト欲ス』を著し、その2年後に死去した。

晩年、沖縄戦の犠牲者を悼む6月23日の慰霊の日には沖縄を訪れ、基地問題を気にかけていたという。

著書の冒頭、沖縄戦犠牲者への「鎮魂献詞《ちんこんけんし》」に続き、「宣誓」と題してこう綴っている。

「永い遅疑《ちぎ》逡巡《しゅんじゅん》の末、心重い筆を執り遅遅として綴った一篇の物語を、いまここに公にせんとする。歴史の一齣《ひとこま》への私の証言をなさんがためである……」

第四章　「復帰」への道のり

✣化学兵器の真相

その事故は伏せられていた。

1969年7月、沖縄返還の日米交渉は核兵器の問題などをめぐって、まさに山場を迎える時だった。

7月18日付のアメリカの新聞「ウォール・ストリート・ジャーナル」は、沖縄の基地内で致死性の神経ガスの容器からガスが漏れ、軍人らが病院に搬送されたことを特報した。

沖縄の基地には毒ガス兵器が貯蔵されている――。

そのことが初めて明らかになった。

国防総省によると、事故が起きたのは7月8日だった。

同省の発表では「沖縄で通常の保管作業中、不注意の結果、米軍人二十三人と米人労務者一人が医学的検査を受けたが、六時間後には完全に正常な勤務に戻った」(7月19日付朝日新聞)。だが、原因についての詳しい説明はなかった

沖縄のアメリカ軍当局はいっさいの発言を避けた。

国防総省は数日後、漏れ出たのは化学兵器「GBガス」と発表。ずっと後になって、沖縄に「サリン」も保管されていたことを明らかにしている。

空軍嘉手納《かでな》基地で、戦略爆撃機B52が爆発事故を起こし、市民を恐怖に陥れてからわずか8カ月

後のことだ。

「このニュースが本物なら、沖縄は世界最悪の基地だ」。琉球政府主席、屋良朝苗《やらちょうびょう》は、朝日新聞那覇支局長、井川一久《いかわかずひさ》の取材にそう語った。

事故が明らかになって2日後、アメリカの宇宙船アポロ11号が月に到達し、人類は初めて月面に降り立つ。

そのニュースで世界中が沸き立っていたころ、沖縄タイムス嘉手納支局長、玉城眞幸《たまきしんこう》は、基地の周辺を駆け回り、地元の人々に取材をしていた。

ガス漏れ事故が起きたのは、嘉手納基地に近い「知花《ちばな》弾薬貯蔵地域」だった。

張り巡らされた金網の中では、なぜか、ヤギやウサギが飼われている。周辺の農民からは、野菜が枯れたりすることがあるという声を聞いた。

事故後、沖縄タイムスは「目に見えぬ恐怖」と題した連載を始める。その記事で玉城は基地の近くに住む人の不安を伝えた。

「目の前には鉄条網がはりめぐらされた広大な弾薬貯蔵地域がひろがっている。畑のすぐ近くの道を、弾薬をいっぱい積んだ長いトレーラーが走って行く。それをみて農夫は『信じたくないが、たしかにこの奥には何か恐ろしいものがあることが感じられます』とこわごわ語った」（7月23日付沖縄タイムス）

沖縄は、アメリカ軍のあらゆる軍事機能を負わされた「基地の島」――。

知花弾薬貯蔵地域にあった陸軍第267化学中隊の標識。事故後、部隊名は白く塗りつぶされていた［1969年 沖縄タイムス社提供］

基地内で起きた毒ガス漏れ事故で、人々はその事実を改めて思い知らされた。

その年11月の首脳会談で、沖縄返還は合意されることになるが、事故が起きた時点では、核兵器がどうなるかも含めて、復帰後の基地のありようはだれにも分からなかった。

玉城は、事故が起きたという「知花弾薬貯蔵地域」のフェンス際に部隊名の入った看板を見つける。

「267TH CHEMICAL COMPANY」（第267化学中隊）

毒ガスなど化学兵器を扱うとみられた陸軍の部隊だ。

いつも通っていたのに気づかなかった――。そう思って玉城はシャッターを切った。写真は、タイムスの紙面に掲載された。そのすぐ後、同じ場所に行って驚いた。看板はそのままだが、部隊名だけは白ペンキで塗りつぶされていた。

タイムスが7月23日付で始めた緊急連載「目に見えぬ恐怖」は、それまでに沖縄各地で相次いだ原因不明の不可思議な被害を伝えている。


アメリカ軍基地近くで、広大な畑のサトウキビが枯れた。

ある男性は、北部で防毒マスクを着けたアメリカ兵たちに出くわした時、突然の異臭に襲われ、その後、全身がただれた。

ガス漏れ事故の1年前、本島中部の海岸で水泳をしていた小学生たちの皮膚が赤く腫れ上がり、駆けつけた医師の手当てを受けた。原因はよくわからず、化学薬品も疑われた――。


当時、アメリカ軍はベトナム戦争で「枯れ葉剤」を使用していた。沖縄では今も基地跡地で、ダイオキシン類の検出などが確認されている。

当時から生物化学兵器に対して世界的に批判が広がっていた。アメリカはそれを国外の沖縄に置いていたのである。琉球新報は、社説で人道に反する大量殺戮《さつりく》兵器の貯蔵を強く非難した。

「自国の領土内における保有や実験でさえ、国民の代表である議会側の猛烈な反対にあっているのに、このような兵器を自国外にまで貯蔵し、部隊を配置するとは一体なにごとか。アメリカは口で平和と自由と人道主義にもとづく民主主義を唱え、現実には残忍きわまる生化学兵器の開発・生

産・貯蔵をたくらんでいるといわれても、返すことばはないだろう」（7月21日付琉球新報）
22日、アメリカ国防総省は沖縄からの化学兵器撤去を発表する。だが沖縄の怒りはおさまらなかった。

✣コザの夜

それは週末のことだった。

1970年12月19日、土曜日、沖縄・美里《みさと》村（現在の沖縄市）の美里中学校で、毒ガス兵器の撤去を求める県民大会が開かれていた。

その前年に日米両政府は沖縄返還に合意していた。

だが、毒ガス漏れ事故が起きてからすでに1年5カ月。兵器の移転先に挙がったアメリカ国内では反対の声が出て、ようやく毒ガスの一部を太平洋上の小島、ジョンストン島に移送することが決まっただけだった。1万3千トンあるといわれた毒ガス兵器のうち、一回目の移送でとりあえず沖縄から出て行くのは150トンである。

祖国復帰協議会が主催した「毒ガス即時完全撤去を要求する県民大会」には大勢の人々が集まり、小学生までも参加した。大会は決議を採択した。

「アメリカ政府の沖縄県民無視の態度並びに、それを容認してきた日本政府に対して怒りをもって抗議するとともに、沖縄から毒ガスを即時完全撤去するよう次の通り要求する」

一夜明けた「コザ暴動」の現場。米軍人・軍属の車は火をつけられ、ひっくり返された［1970年12月20日 コザ市・中の町の軍道24号線 比嘉豊光さん撮影］

それに続いて完全撤去と移送の安全対策、加えて基地撤去の要求、米兵犯罪への抗議が並んだ。

夕方、大会は終わった。

興奮さめやらぬ参加者はとなりのコザ市（現在の沖縄市）の中心街、中の町へ繰り出したという。

当時の新聞などによると、コザの路上で交通事故が発生したのは、日を越えて20日未明だった。

アメリカ軍関係者の車が歩行者に接触。駆けつけた軍のMP（憲兵）が事故処理に当たったが、すぐに周囲に人々が集まり、「身柄を琉球警察に引き渡せ」と声を上げた。

ほどなく近くで別の外国人の車が追突事故を起こし、混乱はさらに広がる。MPが威嚇《いかく》発砲し、怒りは爆発した。

民衆は、路上の黄色ナンバーの車を次々にひっくり返しては火をつけた。アメリカ軍関係者の車は地元の車とは色の違うナンバープレートだった。現場

糸満市で主婦がはねられ、死亡した交通事故の現場。事故を起こしたアメリカ兵の車は電信柱に衝突した［1970年9月 大城弘明さん撮影］

から逃げようとした軍関係者の車がまたも事故を起こし、民間人が重傷を負った。怒りは高まり続け、数十台の車を焼き、嘉手納基地の中にも乱入。かなりの数の負傷者がでた。

「コザ暴動」と呼ばれる事件である。

集まった群衆は約5千人。騒ぎは朝まで続いた。

これほどまで怒りに火がついた背景にあったのは基地内の毒ガス漏れ事故だけではない。少し前に起きた別の交通事故の扱いをめぐって、沖縄の世論は発火寸前の状態にあった。

その年の9月、本島南部の糸満町《いとまん》（現在の糸満市）で、50代の地元の主婦が20代のアメリカ海軍下士官の車にはねられて即死した。下士官は飲酒運転の疑いがあり、車は電信柱に衝突して本人も重傷を負った。「轢殺《れきさつ》事件」と沖縄の新聞は報じた。

下士官は基地内の軍事法廷にかけられたが、同年12月、2日間の審理の後、陪審員の評決は「無

現場に落ちていたアメリカ軍関係の車のナンバープレート。「KEYSTONE OF THE PACIFIC」の文字がある［1970年12月20日 大城弘明さん撮影］

罪」だった。

コザ暴動が起きる直前、琉球新報は12月18日付の1面で、この問題を取り上げた、「軍事裁判」と題する連載を始めている。1回目の見出しは「『県民を欺《あざむ》く儀式』か 無罪ありえぬ事件に〝無罪〟」。怒りが込められていた。

アメリカ兵の事件・事故、そして承服しがたい軍当局の対応。相次いで起きる説明のつかぬ事々は、人々から次第に冷静さを奪っていった。

コザ暴動の時、琉球新報の記者、高嶺朝一《たかみねともかず》は県民大会の取材で美里に来ていた。大会の後、上司らとコザで酒を飲み、タクシーで那覇へ向かうところで、武装兵を乗せた軍のトラックとすれ違う。

何かあったのか。すぐに中の町に引き返した。

✣「憲法番外地」で

沸《わ》き立つ群衆をかき分けて、高嶺は騒乱の中心にたどり着いた。発砲音が響き、暗闇に炎が上がり、タイヤの焼ける臭いがした。

そこが暴動の現場だった。

交通事故が騒動の発端だとそこで聞かされる。ついに起きたか、と思った。

沖縄の民にとってアメリカ軍のMPは占領と権力の象徴であり、最も反感を抱く存在だ。交通事故の現場にかけつけたMPを人々が取り囲み、投石が始まるのを前にも見たことがあった。

高嶺はその年の春、琉球新報社に入社した。

前年には日米両政府が沖縄返還に合意。だが沖縄の人々の間には、それ以前とは違う形の不安が広がっていた。

復帰しても基地はそのまま残るのではないか、経済水準の違う本土と一体になれば沖縄の人々の生活はどうなっていくのか。

積み重なる懸念の器に毒ガス漏れ事故が新たな怒りを充満させ、米軍関係者の交通事故がマッチのひと擦《す》りになった――。大変な騒動だったが、不思議に違和感はなかったと高嶺は思い返す。

教師を目指し、福岡の西南学院大学で学んだ。アメリカ南部のバプテスト派宣教師が開学した同校で、「独立宣言」などアメリカの建国理念に触れ、心を動かされたという。

だが、記者になってコザに配属され最も驚いたのは、主要基地がひしめく中部地域で、アメリカ兵の犯罪が多いことだった。しかも軍事法廷では加害者が無罪になることもある。

人権が守られぬ「憲法番外地」は、アメリカの理念からもかけ離れている。そう感じていた。

琉球新報は社説で事件を論じた。

「これは一見、自然発生的だったにかかわらず無秩序な暴動、略奪ではなく一定の政治要求をあざやかに反映した直接行動だったといえるのだ。（中略）毒ガス、交通事故といった現代のもっとも凶悪ないのちへの恐怖を米軍は住民にたいして事実上、強制しつつあり、これにたいする住民の最小限の要求さえも聞き入れようとしていないからである。（中略）糸満れき殺無罪判決のように明らかな不正が米軍支配の中で体系づけられた時、住民はもはや自己防衛を追いつめられた形でしか表現できなくなったのである」（12月21日付）。

そして「この事件は単なる偶発や騒動ではなく一九七〇年末の沖縄民衆のおかれた位置からの強力な直接政治行動」とし、「日米両国政府に警告しなければならないのである」（同）と結んでいる。

同じ日、沖縄タイムスの社説は「〝ゴザ騒動〟の教訓　暴力否定論では片づかぬ」と題し、こう伝えた。

「軍事が優先する中で、われわれ沖縄の人間の人権は保障されていない、侵害され続けているのである。（中略）沖縄の人権問題は、つきつめていけば米軍による軍事支配体制にある。それに基づいて米人の沖縄人に対する差別、優越意識がいく多の人権侵害を引き起こしてきたといえる。（中略）沖縄基地は、米国にとって安上がりな基地だという。最も政情が安定しているともいう。なるほど政情不安な東南アジアの基地のようにゲリラによって爆弾を投げ込まれるということもない。裏を返せば『沖縄の人間はおとなしい』と評価した米人もいた。おとなしいはずの沖縄人がかつて

なかった騒動で軍事支配体制に抗したと見ることができる」（12月21日付）

✣アメリカとの溝

以前、私は、アメリカ・ノースカロライナ州を訪ね、コザ暴動の時に海兵隊員として沖縄にいたアメリカ人男性にインタビューしたことがある。

彼は海兵隊のキャンプ・ハンセンから嘉手納基地に派遣され、警戒に当たった。現場に着くと、数え切れないほどの車が焼かれていた。

部隊の指揮官は兵たちに、M16ライフルに弾丸を装填《そうてん》するように命じた。そして民衆が近づいてきたら撃てと命令した。

違法な命令だ、と彼は思った。自分の身に直接の危険が及んだ時でなければ民間人に向けて発砲することは禁じられていたという。民衆と銃を構えるアメリカ兵たちとのにらみ合いが続き、そこでは発砲はなかった。

当時を振り返って彼はこう言った。

「アメリカ兵たちは沖縄の人を人間以下に扱っていた」

基地内のレストランで沖縄の女性が盗みの疑いをかけられ、服を脱がされて店から蹴り出されるのを見たことがある。強姦事件が起きても報告が挙がらないことさえあった。ベトナム戦争が激しかった時代に非人間的な軍隊のありようを見て、彼は除隊後、ベトナム反戦運動に入っていったという。

「反米騒動」とも呼ばれるコザ市での事件の後、沖縄タイムス記者、大山哲《てつ》は、現場を視察した琉球政府主席、屋良朝苗に同行取材した。

嘉手納基地の中の学校は火を放たれていた。アメリカ兵たちからは激しいブーイングが響いた。主席を迎える殺気立った雰囲気が恐ろしかったという。

コザ暴動は日米両政府も揺さぶった。

事件が起きた１９７０年12月20日、首相の佐藤栄作は神奈川県のゴルフ場で「あと一息で返還という大事な時期だから、米側に悪い印象を与えても困る」と語った（21日付朝日新聞）。

沖縄を統治する琉球列島米国民政府（ＵＳＣＡＲ）の高等弁務官ランパートは「化学兵器に対する憤りによっても影響されているといわれているが、そうだとすれば、騒動は全く逆効果だ」と声明を発表。脅威がなくならない限り、毒ガス兵器の撤去開始を承認しないと表明した。

これには沖縄で強い反発が広がり、その後、本国政府は否定する。

沖縄と支配者アメリカを隔てる溝は、改めてその深さを見せつけた。

では、当時、本土の新聞はコザ暴動をどう論じていたのか。

各紙とも、相次ぐアメリカ兵の事件・事故や裁きのぬるさを指摘し、沖縄の怒りに一応の理解、同情を示してはいる。

朝日新聞――見出し「沖縄住民感情の爆発を直視せよ」

「沖縄は日本の一部であり、施政権が米国にある現在でも、沖縄の主人公は住民自身であるという正しい認識が、米軍関係者に乏しいのではなかろうか。アジア・極東を『守ってやっている』という気持があるとしても、それは決して『日本の沖縄』ということに優先するものではない。(中略)かつて沖縄返還の日米交渉で、米側は、極東防衛の役割を維持するため、基地の機能維持を強く要求し、日本側も大幅に同調した。だが、こんどの事件は、住民の納得なしには基地の機能も維持できないことを、まざまざと教えた。その沖縄住民は、基本的人権なかんずく裁判権の一日も早い返還を求めているのである」(12月21日付社説)

毎日新聞――見出し「沖縄〝暴動〟を憂える」

「沖縄は、法的には米国の施政権下にある。ことに米国が、沖縄を太平洋の〝かなめ石〟として使用していることから、その住民に対し、本土とはちがって権利の制約が行なわれてきたことは、わからないではない。だからこそ本土の人も、沖縄の人も、一日も早く本土へ復帰するよう叫びつづけてきたのである。(中略)もちろん、米軍による人権無視の事件に対し、いくら感情が高ぶっていようとも、道路にある米人乗用車を焼いたり、基地に乱入して放火するというようなことが許されるはずはない。これは明らかに行過ぎであり、罪に問われてもやむをえまい。動機がどんなに純粋であろうとも、不法な行為は反社会的な犯罪であるからである」(同日付社説)

読売新聞――見出し「沖縄米軍の深い反省を望む」

「いま日米両国にとって、重要なことは、こんご、このような事件を起こさず円満に沖縄の復帰を実現することである。そのためには、米軍不信の根源となっている裁判権を琉球政府に移譲することが第一である。（中略）そうしなければ、再びこの種の事件が起こらないという保証はない。米当局もこの際、なにが基地維持にとって必要かを、大局的見地から考えてほしい」（22日付社説）

沖縄の新聞2紙との違いは何なのだろうか。

これらの社説の背景に見えてくるのは、沖縄を「基地」として差し出すことで日本の安全が保たれている、という「ヤマト」の中にある通念である。そのこと自体に疑問を持ち、沖縄への基地集中の是非を問い直そうとする意識は、全国紙の論調からは読み取れない。

✣防毒マスクの選択

沖縄全体に不信と疑念と恐怖を巻き起こしたアメリカ軍の毒ガス兵器は、基地内での事故から1年半後の1971年1月、ようやく海外への移送が始まる。

これはその移送作業の取材での話である。

人々の生活に直接影響する事実に向き合う時、記者は「歴史の証言者」に徹するべきか、それとも「地域の一生活者」であるべきか。沖縄タイムス社内で交わされた議論はそのことを問いかけている。

移送先の選定はアメリカ国内の反対運動で難航し、結局、ハワイ南西のジョンストン島に船で運ぶことが決まった。アメリカ軍基地が置かれていた小島だ。

沖縄に貯蔵された毒ガスは、致死性神経ガスのGBやVX、皮膚に炎症を起こす糜爛《びらん》性のマスタードガスなどで、総量は計1万3千トンとされた。

コザ暴動直前の70年12月11日、沖縄のアメリカ軍は「レッドハット作戦」と呼ばれる移送計画の内容を公表した。

最初に運び出すのは、マスタードガス150トン。車両に積み込み、知花弾薬貯蔵地域から海に面した天願桟橋《てんがんさんばし》までの約11キロ、美里村などの住宅地を輸送するという。

経路とされた同村登川地区に驚きが広がった。沿道には小学校もある。軍は「安全」を強調したが、激しい反対運動が広がることになる。

移送日が発表されてからも住民は強く抵抗。2回目以降は経路を変えることなどを条件に、やっと71年1月13日に実施されることになった。

移送の模様を取材させるにあたってアメリカ軍は地元の報道各社に「条件」を通告した。

記者たちは、事前に健康診断書を提出する、防毒マスク着用訓練を受けて当日はマスクを携行する、事故が起きてもいっさい補償請求はしない――。

タイムス記者の玉城眞幸はその条件に対して思った。

おかしいではないか。地元住民には「安全だ」と言っておきながら、取材記者にマスクを着けさせるとは――。

嘉手納支局長としてB52爆発や毒ガス事故を取材した玉城は、70年に那覇の本社の社会部へ転勤し、タイムス労働組合の書記長を務めていた。

実施の数日前、タイムス労組は執行委員会を開いた。

「われわれだけが毒ガスから安全な場に置かれていいか」

そんな話し合いが続いた。

タイムス労組はアメリカ軍が提示した条件は拒否することを決めた。そうなると取材バスには乗れず、積み出しの桟橋には立ち入れない。

玉城はその決定を編集局長、比嘉盛香《ひがせいこう》に伝えた。比嘉は、労組の結論を承諾し、社の方針として防毒マスクは着けないことを決め、軍が取材用バスを用意するなどの「便宜供与《べんぎ》」も受けないことになった。

タイムス労組は沖縄のほかのメディアにも同調を求めたが、「自ら報道の使命を放棄するようなものだ」との意見もあり、他社はアメリカ軍の言う通り、マスクを着用した。

玉城は振り返る。

「この時にわれわれが議論したのは、『マスコミ』とは、住民と違う特別な存在なのか、ということだった」

住民の中には、アメリカ軍が安全だと言うので避難しなかった人もいた。マスクを着けなくても、住民と同じ立ち位置で沿道から取材することはできた。権力への抵抗を貫いたと玉城は信じている。

アメリカ軍基地の取材を担当していたタイムス記者、國吉永啓《くによしながひろ》は決定を知り、デスクに抗議した。

トレーラーなどに積まれた毒ガス兵器は知花弾薬貯蔵地域から 11 キロ離れた天願桟橋へ運ばれた［1971 年 1 月 13 日 沖縄タイムス社提供］

「記者は現場に近づいて読者に伝える義務がある。なぜそれを放棄するのですか」

だがデスクはコザ暴動を例に挙げ、住民の反発が続くなか、軍の条件には従えないと答えたという。

國吉はアメリカ軍の将校からこんな嫌みを言われたことを記憶する。

「記者の生命であるニュースソースから逃げている」

71年1月13日午前、糜爛性の毒ガス、マスタードガスの移送が始まった。

タイムスは取材に際して双眼鏡や望遠レンズを用意した。同日付夕刊で、住民5千人の避難などを伝えている。

國吉は天願桟橋近くの高台から双眼鏡で積み込みを取材した。移送は9月まで続くが、最後までマスクは着けなかった。

現場に近づかなければ、重要な情報をつかみ損なうこともあり得た。当時から社内にはマスクを着用すべきだという意見もあった。このような状況のもとで記者の取材はどうあるべきか、当時の記者たちの間では、今も意見は分かれる。

最終決定をした編集局長の比嘉盛香は沖縄返還合意の日、夕刊1面トップで、憲法下へ入る沖縄の将来を論じる社説を綴った人物だ。後日、玉城が比嘉から聞いた話では、労組の結論を社長の上《うえ》地一史《ちかずふみ》に説明したところ、「あなたに任す」と告げられたという。社長への報告の時、比嘉はポケットに辞表を入れていたことを玉城に打ち明けた。

✣ウチナーンチュとして

記者であるべきか、その前に生活者であるべきか――。

レッドハット作戦の取材と同様に、この話もそのテーマに関わることである。

1971年9月、那覇市中心部の飲み屋でのことだ。泡盛が入るにつれ、沖縄タイムス政経部記者、大山哲は気持ちが高ぶるのを感じた。

そこに集った沖縄と「ヤマト」それぞれのマスメディアに勤める報道関係者たちの議論が続いていた。

本土側「記者たるもの、取材、報道をするのが任務だ」

沖縄側「大衆の運動に合流することもわれわれの使命だ」

この時、全国の新聞社などの労働組合員たちが那覇に集まっていた。9月28日から30日まで、「日本新聞労働組合連合」（新聞労連）が主催する「新聞研究集会・特別分科会」が開かれていたからだ。新聞労連は新聞・通信関連各社の労組による連合体だ。時代のテーマに沿って報道のあり方を討議するため、全国から代表を集めて新聞研究集会を開いている。69年に地方をテーマにした特別分科会を初めて沖縄で開催した。復帰に向けて報道が熱を帯びるなか、もう一度沖縄で分科会を開催することになった。

大山によると、参加者は編集・報道部門が多かったという。

昼間の会合の場で、本土側の参加者が、沖縄のマスコミ労組が行うストライキに疑問を投げかけた。報道をせずにストに入るのは責務の放棄では、というわけだ。

その年5月にも沖縄で大がかりなゼネストが行われた。マスコミの労組もストに参加し、翌日のタイムスは、通常よりページを減らして発行された。

本土側の意見に沖縄の労組員は反論した。

「人々が闘っている時、高みの見物はできない」

分科会が終わっても、場所を宴席に移してさらに議論が続いた。

当時、タイムス労組執行委員として参加していた大山は34歳。本土からの参加者に向かって、「われわれは記事だけを書いていればいいのではない」という趣旨の反論をしたことを覚えている。

沖縄では復帰運動の盛り上がりとともに、教職員、公務員、基地従業員らさまざまの職場の人々がストや集会に参加した。

新聞社などの労組は69年に「沖縄県マスコミ労働組合協議会」（マスコミ労協）を結成し、ゼネストの戦列にも加わっていた。

沖縄タイムスの糸数《いとかず》隆《たかし》はこの時、22歳。労組員として特別分科会に参加していた。大山たち沖縄の仲間の言葉に心の中で喝采《かっさい》を送ったという。

記者は取材と報道に徹するべきか、問題によっては民衆とともに闘うべきか——。

沖縄と本土の報道関係者たちが、この時に交わした議論に、果たして「正解」はあるのだろうか。大山は、沖縄のマスコミの労組を批判する本土からの参加者に、アメリカ統治に立ち向かう記者の立場から反論したが、その論理は毒ガス移送の取材で、アメリカ軍の防毒マスクは着けないと決めたことにも通じている。

ただ、大山たち沖縄の記者と本土側の記者による意見の対立は、その前提の部分でかみ合ってはいなかったようにも思う。

同じ年の6月、日米両政府は施政権返還に当たり、細部を取り決めた沖縄返還協定に調印した。だが、復帰後も多くの基地の存続を認めていたことに沖縄では強い抗議の声が上がっていた。

69年11月10日、「11・10ゼネスト」と呼ばれる闘争が行われた。

各界の団体が参加し、学校は休校となり、バスやタクシーは運休した。この日はデモ隊と警察が激しくぶつかり合い、警察官1人が死亡する事態となった。

大山はデモに参加していた。激しくいきり立った警官隊に追われ、那覇市内の病院の建物に逃げ込んで難を逃れた経験を持つ。

こうしたストに新聞社の社員が参加するとき、取材や編集は幹部クラスでやりくりし、翌日の新聞はページを減らして発行されることもあった。

大山は今振り返り、あの時に本土の報道関係者が投げかけた疑問はよくわかるという。

返還を目前にした沖縄で、報じなければならない問題や課題は限りなくあったわけで、記者としてそのことを読者に伝えるという職責は果たさなければならない。

だが、そう思いつつも、「当時、記者としての意識よりも、大衆運動にのめり込んでいく気持ちの方が強かった」という記憶が心に刻まれている。

話を聞きながら、私だったらどうしただろうか、と考えた。

記者としてはやはり防毒マスクを持って取材対象に近づくことを選んだだろうか。その時には、心のどこかにささやかな痛みを感じたかも知れない。

あるいは、取材をせずにストライキに参加しただろうか。記者としていかにあるべきか、ということとは別に、それだけの重みを背負って目の前の事態に向き合う心意気が、記者の仕事の何かを変えていくようにも思える。

沖縄の記者たちの多くは記者であるよりも前に、一人のウチナーンチュとして「歴史の目撃者」

であったのかも知れない。

✣復帰の日

１９７2年5月15日、沖縄は日本に復帰し、27年のアメリカ統治は終わった。

その日、沖縄は雨だった。

沖縄を統治していた琉球列島米国民政府（ＵＳＣＡＲ）のトップ、高等弁務官で陸軍中将でもあるランパートは離任前、朝日新聞の取材にこう答えている。

「(「沖縄の米軍基地は〝太平洋のかなめ石〟といわれてきた。復帰後も、軍事的観点からみて、その重要性は変らないか」との質問に）米国の軍事施設は日本やその他の極東地域の自由諸国になされた米国の安全保障に関する公約を果すために、米国に寄与するという意味で重要である。もちろん、五月十五日以降は、（沖縄の）米国施設は日本の一つの県にあるということになる。その軍事施設の運営は日米安保条約の諸条項によって左右される」（4月30日付）

主要なアメリカ軍基地は復帰後も依然として沖縄に存在し続け、加えて自衛隊が新たに配備されることになっていた。

日付の変わった15日午前零時すぎ、ランパートは嘉手納基地から飛び立った。

15日付の沖縄タイムスは、１ページを使って憲法全文を掲載した。

その日、社説でも「憲法」を論じた。

「戦前と戦後で、大きく変わったものの一つとしては『主権が国民に存することを宣言』したことがあげられよう。そのことは、これから日本国民として生きていくわれわれにとって重要なことだと考えられる」（5月15日付）

そして新たな問題、自衛隊の移駐に触れている。

「沖縄が復帰で直面する問題の一つに自衛隊がある。憲法第九条と安保体制のなかの自衛隊の間には、常識的に考えても、そこにはかなりの距離がある。このような憲法と安保体制の対立という驚異の政治状況は、他に類例がないということであるが、形の上では復帰によって地位の正常化ではあるとしても、現実は新しい出発点において、異常の政治状況という重大な岐路に、われわれが立っていることを、ここで深く認識しておきたいのである。それは理論的に強大な中央権力への抵抗体として位置づけられている地方自治を、さらに自主的な創造体として構築していく課題とも関連する」（同）

琉球新報の社説は基地問題や経済など県民の不安を綴った。

「県民の願望だった復帰は実現したがその内容は、県民が望んだものとは、ほど遠い。（中略）また完全に撤去されているにしても、国際情勢の変化によって、核兵器の再持ち込みがなされる懸念も根強い。〝核のない沖縄〟を明確にしなければならない。（中略）また沖縄の米軍基地が、特に沖縄本島で、島の主要地域を広範囲に占有し続けているため、県民生活を圧迫し、沖縄県の開発に重大な支障を与えている。基地の自由使用を最優先してきた米軍統治下では不可能だった基地依存の

復帰のあり方に抗議して開催された県民大会［1972年5月15日 那覇市・与儀公園 大城弘明さん撮影］

不健全な経済からの転換、民生向上を期す経済開発を、復帰によって推進しなければならないが、米軍基地を撤去、または大幅に縮小しない限り、その成果は期しがたい」（15日付）

復帰当日、タイムスの大山は会社には行かなかった。沖縄返還の「欺瞞《ぎまん》性」に抗議し、ストライキが行われていたからだ。新聞社の労組も例外ではなかった。

午後、那覇で開かれた県民総決起大会に参加した。夕暮れ時、雨に打たれながら国際通りをデモ行進した。

中心街に祝賀の気分は乏しく、沈んだ雰囲気が満ちていたのを70代になった今も覚えている。

一線記者たちはみな取材活動をせずに、代わりに組合に入っていない部長やベテラン社員が取材に走り回った。

抗議デモには高校生の姿もあった［1972 年 5 月 15 日 那覇市 大城弘明さん撮影］

沖縄タイムスの編集委員、又吉《またよし》稔は非組合員だったのでストには参加せず、那覇市民会館で開かれた記念式典を取材した。

ストに加わった後輩の記者が強い口調で又吉にこう言った。

「新聞は白紙でもいいではないですか」

この日、あえて白紙の新聞を発行して歴史に残すのにも意味がある、と言いたかったようだ。

又吉は「記者として、今日の沖縄を書き残すのが仕事ではないか」と言ったものの、彼の気持ちもわかった。

この時代の新聞社の幹部たちは若き日に戦争を体験している。

後輩記者たちが復帰の内実に憤り、ベテランに仕事をやらせてストに打ち込む心意気も理解していたという。

琉球新報社でも社員がストに入った。

政経部副部長だった宮里昭也《みやざとあきや》は管理職だったため参加せず、自ら当日の1面記事を書いた。

降りしきる雨の中、気持ちは沈んだ。なぜか社内で復帰の話はあまりでなかった。

未明、高等弁務官として沖縄を支配したランパートが嘉手納基地から帰途についたという連絡が入った。

「明日から少しは変わるかな」と誰かが言った。

復帰前、朝日新聞那覇支局長だった井川一久はこの時すでに転勤し、プノンペン特派員としてその日を迎えた。

復帰運動の中核を担った沖縄教職員会のことを思い出していた。

戦時中、教師として戦争に協力し、多くの教員や教え子たちを犠牲にしたこと。その悔恨ゆえに「平和憲法への復帰」が、教職員会の悲願だったこと。戦火で失われた命を思い、教職員の政治活動を制約する「教公二法」を激しい反対の末に廃案に追い込んだことが心に浮かんだ。

井川は、憲法と日米安保条約を日本の2つの「基本法」と考えている。

沖縄を覆うアメリカ軍基地を取材したことで、日本はベトナム戦争の「間接参戦国」であると知った。その矛盾へ沖縄は「復帰」していく——。

戦火のカンボジアを取材しながら、より深く沖縄の悲しみを再確認できたような気がした。

沖縄の地を打ちつける雨脚は強まっていた。

❖そして何処へ……

戦場カメラマンとして知られる石川文洋《ぶんよう》は72年5月15日午前零時、那覇の国際通りにいた。当時は朝日新聞出版局の写真部記者だった。

今日は一日かけて沖縄本島を一回りしよう、と決めていた。

南部・豊見城村《とみぐすく》（現在の豊見城市）の上田小学校の授業風景をのぞいた。5年生の児童たちが復帰の意味を考えている。

この日、石川が撮影した写真を見ると、黒板にはこんな文字が並んでいる。

ふっきしても

一、**アメリカ軍はでていかない**

二、**きちはそのまま残る**

三、**じえいたいは（日本軍）六千八百人が沖縄にのりこんでくる**

続きは教卓の花瓶の花に隠れて読みづらいが、こんな感じだろうか。

四、教育を日本せいふがにぎり軍国主義教育を進める

沖縄出身でヤマトに住む石川文洋さんは２つのパスポートを持っていた

この学校ではその前年、同じ学年の子がアメリカ軍関係の車の事故で亡くなっていた。

写真は『アサヒグラフ』6月2日号の特集に見開きで掲載された。

石川は、沖縄本島を走り続けた。生活の糧であるお金を、こわばった表情で「円」に換金する人々を取材した。

この時、34歳。「その日」の人々をカメラに収めたかった。

生まれは首里《しゅり》。太平洋戦争のさなか、まだ幼いころに両親に連れられて本土へ移り住み、関東で育った。だから大戦末期の沖縄戦のときはここにいなかった。

自ら「在日沖縄人」と称するのは、故郷が味わった惨禍《さんか》を経験していないという「負い目」の意味も込めている。

戦場カメラマンとしてベトナムを駆け回り、69年に朝日新聞に入社した。

全国紙の記者として沖縄を見るということ――。

同年代の記者たちが仕事をなげうってストライキする姿に自分との違いを感じつつも、彼らの気持ちは伝わってきた。

ヤマトとの中間の位置に立っている自分の存在を考えた。

たくさんの問題はある。とはいえ復帰してよかった――。同じようにその思いを沖縄のだれもが共有していると信じていた。

復帰の日、朝日新聞の社説は、最後の琉球政府主席である屋良朝苗の言葉を引き、こう書いている。

「『平和な島』を求めるものに『基地の島』を与え、異民族統治の体験の上に、さらに忍従と耐乏をしいる。そうした資格が本土にあるのか、本土という名の国家とは何か、ということである。われわれはその痛切な声に耳をすまさねばならない」(5月15日付)

沖縄の人々の悲願は「平和憲法への復帰」だった。

「いまの沖縄ほど、みずみずしい感覚のもとに憲法が語られているところが、日本のどこにあろうか」(同)

「平和憲法」へ復帰して、40年以上が過ぎた。

だが、島の人々に負わされた重圧は、いまだ終焉《しゅうえん》を見ない。

今、彼の地で起きていることを見ながら、石川は、復帰の日とは違う、日本への失望の気持ちを抱いている。

❖基地の維持が前提

アメリカ統治のもと、憲法の外側を伝えるため記者たちは苦闘を続けてきた。地元で生まれ育った記者も、本土から来た記者も、取材にかける思いは少なからず共有していたはずだ。

過酷な境遇に置かれた地で、だれもが憤り、時に立ち尽くし、幾度も苦悶《くもん》を重ねながら、目の前の現実を言葉にしようと必死になってきた。

「復帰」の現実に苦悩する屋良朝苗主席［山城博明さん撮影］

憲法のもとにある沖縄で今、何をどのように報じるべきなのか。

復帰後から現在につながる物語にいく前にこの数字を考えてみたい。

18・5％。

沖縄で、アメリカ軍が使う専用の基地・施設のうち、復帰後、2014年までに返還された面積の割合である。

今なお、基地面積は県の総面積の1割、沖縄本島の2割近くを占め、地域社会に計り知れぬ問題を引き起こしている。

かつて政府は、返還のあり方を「核抜き・本土並み」と説明していたことはすでに書いた通りだ。「核抜き」について、確かに核兵器は施政権返還の時点で撤去されたかも知れないが、紛争時などに再び持ち込みを認めるという密約が結ばれていた。

「本土並み」は、日米安保条約で決められた「制約」（地位協定の適用）を沖縄の基地にもかけるという意味だった。だが、人々が本当に期待したのは、本土と同じように基地の密度が軽減されて、その重圧から解放されることだった。

年月を経ても、返還部分が2割程度にとどまっている理由をどう考えるべきか。

近年、外務省が公開した、復帰前の外交文書から少しずつ読み解くことができる。

返還合意の5カ月前、1969年6月、訪米した外相の愛知揆一《きいち》は、交渉の「第1ラウンド」といわれた、国務長官ロジャーズとの会談でこう述べている。

「特に明らかにしたいことは、日本自身の安全及びアジアの安定のため返かん後も在オキナワ基地は米国に使用してもらうという立場をわれわれがとっていることである」

「日本としては極東の安定のため米国のプレゼンスを必要とし、今後益々《ますます》その重要性が増えると考えている」（外交記録）

アメリカの「プレゼンス（存在）」は、今もよく使われる言葉だ。その存在こそが安全保障に重要である、というような文脈で出てくる。

つまり返還交渉は、その出発点から「基地の維持」が前提だったことになる。

さらに外交記録をさかのぼれば、早い段階から日米両政府はその「前提」を共有していたことがわかってくる。

愛知・ロジャーズ会談の2年前、67年7月15日午前、当時の外相、三木武夫と駐日アメリカ大使ジョンソンは東京のホテル・ニューオータニで会談した。会談録によると、ひそかに行われたようだ。冒頭、三木は「このように朝早く、このような場所を選んで大使をわずらわしたのは、日本の新聞が嗅覚《きゅうかく》が発達しているためであるが……」と述べ、沖縄と小笠原の問題を切り出した。その会談に際し、日本側はある文書をアメリカ側に渡していた。

「7月15日沖縄、小笠原問題に関する外務大臣、米大使会談に際し先方に手交せる覚書」と題し、「極秘　無期限」の指定がかかっていたが、２０１１年に開示された。

それはこんな記述から始まる。

「サン・フランシスコ平和会議以来、わが国は一貫して沖縄、小笠原問題は日米友好関係の枠内で解決しうる問題であることを内外に明らかにしてきた。吉田総理は、平和条約調印後１９５１年10月の国会において、『国民諸君が冷静に事態に対処して米国政府の善意に信頼をおかれ、これら諸島の地位に関する日米両国の協定の結果を待たれるよう希望いたすものであります。』と述べており、爾来《じらい》歴代内閣は、沖縄、小笠原の日本及び極東の平和と安全のため果している役割りを強調し、返還を要望する国民に対し、米国の善意に信頼して時期の到るのを待つよう説いてきたのである」

そして問題の経緯を詳述したうえで、こう提案をしている。以下が核心の文章だ。

(1) 沖縄について

(イ) 沖縄の果すべき軍事的役割りと施政権返還の国民的願望を調整する方途を見出すよう検討を進めること。

沖縄問題に対するわが方の基本的態度は、既述のごとく、沖縄の果している軍事的役割りと返還に対する日本国民の願望を調整することにある。この立場を論理的に一歩進めれば、沖縄には米軍基地を存続せしめつつ施政権を返還する方途を探求することとなる。

この見地より、(i) 極東地域の現在及び将来の安全保障上の要請にかんがみて沖縄の果すべき戦略的役割り及び沖縄所在の軍事施設の要件、(ii) 安保条約及び地位協定の沖縄への適用上生ずべき問題等につき日米間に検討を進めることとする……

沖縄が返還されても基地は残す——。

67年7月の会談の時点で、日本側はそのことを確約していた。

極秘文書「覚書」には、沖縄の「軍事的役割り」「戦略的役割り」という言葉がことさら強調されているように読める。アメリカの意向を忖度してのことだろうか。そのことと施政権返還を求める「国民的願望」を「調整する」としてアメリカの意向を尊重しながら返還の道を探るという日本政府の考え方が書かれている。

7月15日の会談録から引こう。

大使：率直にいって、この問題の検討の大部分は、この地域における米国の軍事力として、日本が如何なるものを望むかに帰着することになる。

大臣：それが核心であると思うので米側の意向を伺いたいのである。われわれからみても、日本を含む極東の安全にとり、沖縄に基地が存在することを含め米国の抑止力の必要性を過小評価しているわけではない。そこで最低限度必要な要件は何かを話合う必要がある。極東の軍事力の必要を過小評価しているということではない。

大使：軍事に関する問題は詳細を話合うこともできるが、詳細は重要ではなく、重要なのは広範なａｓｐｅｃｔｓである。問題は、われわれが何とかやっていける最小限ということではなく、われわれ双方にとっての最大限の利益は何かである。

沖縄返還が焦点となった、首相、佐藤栄作と大統領ジョンソンの日米首脳会談よりも4カ月前のことだ。

その後の外交文書には、アメリカ国防総省にいたモートン・ハルペリンが「軍の指導者の中には日本側覚書が出るまで施政権へんかんは即ち基地撤廃を意味すると思いこんでいた者が非常に多く、自分ら文官も意外に思った位で、この点日本側の基地に対する考え方がはっきりしたことはよかった」と述べたことが記されている。

一方、別の文書にはこんな記述もある。

三木とジョンソンの会談の2日後、在日アメリカ大使館の参事官ザへーレンが外務省側に「軍事戦略上、絶対不可欠というものはない。とくに軍事戦略上はｒｅｄｕｎｄａｎｃｙが重視されており、1つの軍事機能について、2重、3重の代替の可能性が計算されているのが通例である」と伝え、こう言っている。

「日本側が、沖縄について、どうしたいということを強く決意し、それをｐｕｓｈする場合、基地の完全撤去にせよ、安保条約下の基地付き返還にせよ、何でも米側に呑ませ得るはずである。米国としては『日本か沖縄か』の選択を迫られた場合、日本をとらざるを得ないからであり、自分としては、日本政府は、沖縄についておそらく自ら気がついておられる以上の強い交渉上の立場にあると判断している」

これまで公開された外交文書では、基地の「完全撤去」が検討された形跡はない。

同じ年の8月に外務省北米局が作った「在沖縄米軍の戦略上の役割りについて」という極秘文書も開示された。そこでは沖縄に駐留するアメリカ軍の全面核戦争抑止戦力、局地戦用発信基地、補給・中継・訓練基地、防衛基地――の4点の役割について分析を行っている。

「全面核抑止力発進基地として使用される可能性は少ない」とした上で、グアムの基地の補助的役割を挙げ、「米側としてはかかる役割りを重視している」。沖縄に駐留する第3海兵師団がベトナムに進駐したことや、戦略爆撃機B52のベトナム空爆、補給・中継・訓練基地としての機能を挙げつつ、「沖縄自体の防衛のための地上部隊はほとんど存在しない」と記している。

そこでは、ベトナム戦争を支える拠点としての機能が主だ、という認識が読み取れる。

憲法9条で自らの軍事力を制約しつつ、強大な攻撃基地の足場に国土を差し出している姿は「平和国家」とは言い難い。

71年6月、日米両政府は沖縄返還協定に調印した。

公表されたリストでは、返還されるのはわずかで主要基地はほとんど残ることになった。

基地の維持が返還交渉の前提となったのには冷戦下の国際情勢があるが、沖縄返還交渉を長年研究している琉球大学教授の我部政明《がべまさあき》はそこに2つの理由を読み取る。

「沖縄の施政権返還は日本の外交にとって重要な課題だが、その実現は難しいと日本側は考えていた。アメリカに、その交渉に応じさせるには、日本側が切ってもいいと考えているカードを先に見せておく必要があった。つまり沖縄返還に応じてもアメリカの利益は損なわれない、と言わなければ、アメリカは交渉に乗ってこない、と日本側は思いこんでいた」

我部はそう語る。

三木とジョンソンの会談が行われた67年夏は、日米首脳会談の前。まだそういう時期だったとい

我部政明・琉球大学教授

う。

さらにもうひとつ、返還交渉とは別の部分で日本の自民党政権にとって基地の維持が必要だったと我部はみる。

「冷戦下、日本国民はアメリカを中心とする『西側』にあることを選んだ。つまり、それはアメリカ軍基地の存在を認めることとイコールでもある。平和憲法のもとで日本の防衛にはアメリカ軍が必要という考えもあった。国民には『平和憲法』を与え、アメリカには基地を置くことを約束する。それによって保守政権は維持されてきたのではないか」

50年代に沖縄では「銃剣とブルドーザー」と呼ばれる強制接収で基地の拡充が行われるが、逆に本土では基地は大幅に減らされた。多くの国民から「外国軍隊」の存在は見えにくくなり、アメリカの軍事体制に組み込まれているという実感は次第に薄れていく。60年安保改定の際、適用されない事項を含む「事前協議」制度にアメリカ政府が同意したのは、「自由に使える基地が沖縄に存在したから」であった。

冷戦後も日本の役割の強化が図られ、沖縄の負担に大きな変化はない。これからどう考えるべきなのか。

「東アジアの安全保障環境をどう考えるのか、という問題がある。これまでの日本は沖縄にアメリカ軍基地を置いたまま何も変えなくていい、という考えに立ってきた。しかし果たして日本にとって長期的にそれが安全なのか。安全保障政策やアジアの環境を変えうるだけの影響力を日本は持っている。逆に言えば、東アジアに位置する以上、当事者として平和と安定へと動かなければ、この地域は不安定のままだ。その意味で、沖縄の基地を動かすことが、平和構築への道そのものだ」と我部は指摘する。

❖「復帰」を受け入れた世論

復帰の内実がわかってくるにつれ、沖縄には失望が広がった。

ただ、不安と憤りを抱きながらも、多くの人が復帰を受け入れようとしたのも事実だ。新聞社などが行った世論調査の結果にも表れている。

朝日新聞は復帰の前年、１９７１年夏に、沖縄タイムス社の協力を得て調査を実施し、9月27日付で詳報した。

「復帰すると、こういうことはよくなるという希望を持っていることがありますか」の問いに、23％が「希望はない」と答えたものの、「渡航の自由」（14％）、「教育の向上」（13％）、「産業の発展」（7％）、「基本的人権の回復」（7％）が続き、「米の支配から脱却」はそれらの次の6％だった。

一方、「復帰に当たってあなたが一番不安に思うこと」の質問には、「生活不安・経済不安」（26％）、「物価の値上がり」（19％）など6割が暮らし向きへの不安だった。「本土」に対する期待と不安が交錯したのは生活面の変化だった。

復帰直後の72年7月、朝日・タイムスの調査では「復帰してよかった」は55％で、「よくなかった」の22％を大きく引き離した。

よかった理由は「日本は祖国だから」が最多の20％。「教育・社会保障の充実」（9％）、「渡航の自由」（7％）、「異民族支配からの脱却」（5％）、「基本的人権の回復」（5％）などが続く。よくなかった理由は「物価が上がった」（8％）、「生活の不安」（6％）、「早すぎた」（3％）、「復帰のあり方に不満」（3％）となっている。

朝日新聞の社説はこう書いた。

「同じ日本人である沖縄の人びとのうち十人に二人強が、復帰に拒否反応を示している。二十七年に及ぶ隔絶がつくった本土と沖縄のへだたりと同時に、復帰のあり方について強い不満と非難が潜在している事実を教えているのである」（8月1日付）

復帰10年目に入る81年は「よかった」が62％に達し、理由には本土との交流のほか、「人権が守られる」が挙がった。

アメリカ軍関係者の犯罪はなお多いが、復帰後は日本側も裁判権を行使できる。

それでも、基地への不安はなかなか減らない。

「米軍基地のあり方に何か不安を感じるか」の質問への回答は、72、73年は「不安を感じる」が、いずれも63％だったが、81年にはそれが67％に上昇し、「感じない」の20％台を大きく上回っている。基地への不安は容易には解消されなかったのである。

復帰の前年、71年の調査は沖縄とともに本土でも行われ、一部を除いて共通の質問が用意された。その中で、ある項目だけは両者まったく逆の結果となった。

「沖縄への自衛隊配備に賛成ですか、反対ですか」――。

本土――賛成54％、反対25％

沖縄――賛成22％、反対56％

自衛隊が復帰後の沖縄で大きな問題になろうとしていた。

第五章　見えざる障壁

✣移駐する自衛隊

日本に復帰した後も沖縄の道のりには、いくつもの「壁」が立ちふさがっていた。憲法のもとでもなお消えぬそれらの壁は、戦後日本からの「疎外」の結果であり、さらにその裏には容易には見えづらい障壁が隠されている。それらは、沖縄の問題というよりは戦後日本そのものが抱えている病理なのかも知れない。

復帰の前年、1971年の冬が近づくころ、沖縄タイムス記者、玉城眞幸《たまきしんこう》は東京・赤坂の防衛庁の広報担当幹部を訪問した。。取材を申し入れるためだ。

自衛隊取材は編集局長、比嘉盛香《ひがせいこう》の指示だった。レッドハット作戦（第四章156ページ参照）取材の時に労組書記長だった玉城の申し入れを受けて、防毒マスクの携帯拒否を認めた人物だ。玉城が「ぼくは自衛隊がきらいです」と言うと、比嘉は「だから君にやらせるんだ」と言った。

防衛庁で玉城は全国の自衛隊基地のリストを示し、すぐにも始めたいと言うと、幹部は、これだけたくさんの取材をするなら全国紙の記者だってもっと前もって申し込む、とそっけない。あきらめて沖縄に引き揚げようとしていたら、翌日、その幹部が「申し訳ありませんでした」と訪ねて来た。

防衛庁の記者クラブに所属する各社の記者たちから、沖縄の新聞社に冷たくしたら大変だぞ、とおどかされたのだという。沖縄への自衛隊移駐は、当時、復帰後の新たな問題として注目されていたからだ。

沖縄タイムスは、復帰が間近に迫る1972年の元日紙面から連載「自衛隊と沖縄」を始める。その前文の言葉は、「今」につながる。

「軍事基地の金網と銃口の前で、長い苦渋の歴史を繰り返し、復帰への願いは基地からの脱皮を意味した。ところが、四分の一世紀も続いた米軍の戦略基地には現在五万五百人の将兵が駐留し、それに加えて自衛隊が移駐、新たな日米の防衛基地として沖縄基地の恒久化の一ページがはじまろうとしている」（72年1月1日付沖縄タイムス）

40年余を経て、沖縄の離島への自衛隊配備が問題になった。

連載の1回目、玉城は沖縄の人々の戦争体験から説き起こした。

那覇市出身の女性は満州で敗戦を迎え、外地で旧日本兵やアメリカ兵と次々に結婚し、5人の子どもはみな父親が違う。女性は言う。「自分の歩んだ過去をけっして運命ということばだけで決めつけたくない。戦争が私をそうさせたのだ。戦争が……」（同）

大学教授の男性は兵士として従軍し、ニューギニアで飢えと風土病に苦しんだ。渡嘉敷島《とかしき》では「集団自決」が行われ、住民たちは自分の妻子を殺した——。

大戦末期の沖縄戦を体験した世代にとって、故郷を戦火に巻き込み、住民をも手にかけた旧日本軍に自衛隊が重なって見えた。

そうした人々の思いを綴ったうえで、玉城は全国の自衛隊基地を回り、関係者に取材して、その兵力や機能を検証し、沖縄移駐の意味を探ろうとした。

沖縄の部隊長には1等陸佐、桑江良逢《くわえりょうほう》が任命された。

首里出身で、陸軍士官学校卒業。戦時中は中隊長として南洋に着任した。沖縄に残っていた母や弟は沖縄戦の犠牲になった。戦後、警察予備隊に入隊し、自衛官として防衛大学校教官や北海道の連隊長を務めた。

「日の丸」を掲げ、沖縄に到着した自衛隊
[1972年 山城博明さん撮影]

連載7回目で、桑江は玉城のインタビューに答えている。

——沖縄で自衛隊反対運動が行なわれている。どう思うか。
桑江氏　反対運動は一部である。上の命令とあらば喜んでいく、定年まであと三年だし、軍人として最後のご奉公をしたい。
——だれにご奉公をするのか。
桑江氏　もちろん国家だよ。

…………………

――沖縄の米軍基地は復帰しても全く縮小されず、自衛隊が加わって強化されるばかりだが。

桑江氏　一国では国防はできない。相手は核を持っている。ここだけが非核三原則ではイクサにならん。そこで共同防衛体制が必要になってくる。

…………………

――自衛隊は、太平洋戦争での沖縄戦は本土防衛を一日でも延ばすためだった、と教育しているが――。

桑江氏　当時の任務を達成したと思う。

――沖縄は、戦争で再び犠牲になりたくないために基地に反対しているのだが。

桑江氏　ギセイ、ギセイというが、国家のためには喜んで役立つべきだ。非戦闘員である私の母は最後まで手りゅう弾を手にして戦死したと聞いた……。日本国民として有事のために国に役立つ気構えがほしい。

…………………（72年1月11日付沖縄タイムス）

復帰後の72年10月、自衛隊配備が本格的に始まった。

「沖縄戦で日本軍は、沖縄住民の生命、財産を守ってはくれなかった。（中略）住民の反自衛隊感情には、沖縄戦の悲しい体験が強く働いていることはまちがいない。住民の生命財産を守るどころか、沖縄戦では、住民を壕から追い出したという話は、何度も聞いたことである。そのことを住民は現在、忘れてはいないのだ。（中略）くりかえしていいたい。自衛隊は、何から何を守るために、沖縄にやってきたのか」（10月6日付沖縄タイムス社説）

その日に開催された自衛隊配備に反対する県民大会は復帰後最大規模の抗議大会となった。採択された抗議決議にこんな言葉がある。

「沖縄への自衛隊配備は沖縄基地の日米共同管理と日米共同作戦を展開する体制をつくり、将来、自衛隊の海外派兵への戦略的な布石である」

✣高まる反対運動

配備された自衛隊について、沖縄タイムスの軍事記者、國吉永啓《くによしながひろ》は、ある疑問を抱いていた。その規模が、思ったよりも小さかったからだ。

陸上自衛隊だけで数千人規模の1個師団クラスがすぐに配備されると考えていたが、計画では1972年中は陸海空合わせて総勢3千人弱だった。

沖縄の陸自を率いる桑江良逢に尋ねた。

桑江は、沖縄の自衛隊の役割として「後方支援」を挙げ、アメリカ軍の「基地警備」などと説明した。沖縄のアメリカ軍基地は復帰後も依然として極東戦略の要としての機能を維持し続けるということか──。國吉はその時、島に残る基地群はこれからも大きく減ることはないだろう、と感じたという。

「旧軍の再来」とも言われた自衛隊は、県民からの激しい反対運動にさらされる。72年12月、自衛隊配備に反対していた那覇市は、基地内に居住する自衛隊員の住民登録受け付けの停止を決め、大きな問題となった。

革新市長、平良良松《たいらりょうしょう》は12月6日、市役所市民課と各支所に停止を指示。市は、基地の中には事実上、行政権限が及ばないのを理由としたが、防衛庁は人権侵害と主張。自治省は、基地も市域に含まれるとして受け付け再開を求めた。

県内の革新系の団体や新聞は那覇市を支持した。

「このことは現象面や法律論だけで律しきれない政治的側面をもあわせもつであろう。つまるところは自衛隊の存在が憲法により認められるか、認められないかというところにいきつく。（中略）〝人権〟が問題になる自衛隊員の立場だけにかぎってこの問題を考えればこの措置はいかにも穏当を欠いているようにみえる。しかしこの措置は自衛隊の違憲性を問うている」（12月8日付琉球新報）

隣接する豊見城《とみぐすく》村ではこんなことがあった。

民間のアパートに入居しようとした陸上自衛隊員が、トラックで荷物を運び込んだところ、労働組合員らに囲まれ、「自衛隊は憲法違反だ。出て行け」と詰め寄られた。隊員は荷物を積み込んで引き上げた。

那覇市は翌年、受け付けを再開するが、県民のわだかまりは消えなかった。

若い自衛隊員が県内での成人式やスポーツ大会に参加することにも、労組などの反対運動が長く続いた。

今日、これらを考えるとき、理解しづらい部分があることは否めない。沖縄の人々、とりわけ戦争を体験した人々が「日本軍」と重なって見える自衛隊に心底、抵抗感を抱いたことは十分に想像できる。ただ、自衛官たち一人ひとりは多くが普通の青年であるのも事実だ。

私自身の取材経験だが、沖縄で本土出身の自衛官にこんな話を聞いたことがある。自衛隊に入隊し、沖縄の基地に配属されてそこで成人した。その時に自治体から届いたのは成人式への招待状ではなく、「混乱するので参加しないでほしい」と書かれたはがきだったという。その後、ある年に成人式会場に足を運んでみた。「隊員の参加反対」を叫ぶ労組員に対して右翼団体が怒声を浴びせていた。

その自衛官は言った。

「沖縄の人の気持ちは分かります。旧軍がやったことは肯定できない。でもあの時は右翼の言葉がありがたかった」

時代とともに人々の見方は変化していく。

1990年代、沖縄タイムス記者、長元朝浩《ながもとともひろ》は労組副委員長だった時に、それまでの運動に疑問を述べたことがある。成人式に向けて自衛隊員参加反対にどう取り組むかを話し合う労組の会議でこう言った。

「個人を攻撃するような運動には違和感を覚える」

会合の参加者にうなずきが広がったという。

現在、タイムスの専任論説委員を務める長元はこう考えている。復帰の前後は自衛隊の配備反対そのものに力を注いできたが、沖縄のジャーナリズムとして、自衛隊の機能をより深く探る努力が必要だ、と。

安全保障法制により、日米安保、自衛隊が変容していく時代を見ながら、その思いを強くしている。

✣県道104号線

沖縄にとって越えがたい「壁」である日米安保体制は、その内部に社会からは見えづらい仕組みを持っている。

日米両政府間で交された、その「合意」が問題になったのは、復帰からまもなく1年になる頃だった。

沖縄本島北部、名護市から恩納《おんな》村、金武《きん》村(現在の金武町)、宜野座《ぎのざ》村にまたがるアメリカ軍キャンプ・ハンセン。1973年春、海兵隊はその敷地内の中部訓練場で大規模な実弾砲撃演習を実施した。

金武村側から約5キロ離れた恩納岳に向けて曲射砲の実弾砲撃を繰り返す。

辺りに炸裂音が響きわたり、地元の喜瀬武原《きせんばる》小中学校では、校内にこんな掲示がされた。

「きょうは午前十時から午後七時まで海兵隊の演習があります。そのなかには県道104号線がはいっております。ひじょうに危険ですので先生方の注意をよく守ってください」（73年4月24日付沖縄タイムス夕刊）

キャンプ・ハンセンの敷地内には「県道104号」が通っている。砲撃の弾道下にあたるため、期間中は沖縄県警によって封鎖され、両村をつなぐ約2キロが通行止めになった。

生活道路の封鎖に反発の声が上がった。

確かに県道は、アメリカ軍への「提供区域」に含まれている。が、復帰したにも関わらず、なぜ、人々の生活に支障を来すような演習を強行できるのか。

現地の防衛施設局幹部は説明した。

「返還のさい日米合同委で決められた合意メモで、県道104号線についてはとくに〝演習にさしつかえないかぎり一般の通行を認める〟ことがうたわれている」（4月25日付沖縄タイムス）

県民があずかり知らぬ取り決めの存在だった。

沖縄が日本へ復帰した1972年5月15日、両政府は外務・防衛当局者による協議機関、日米合同委員会を開き、沖縄にあるアメリカ軍基地の使用について合意した。

その内容が「5・15メモ」と呼ばれる文書だ。

当時はほとんど公表されておらず、沖縄県などの度重なる要求の末、全容が明かされたのは、復帰から四半世紀を経た1997年だった。

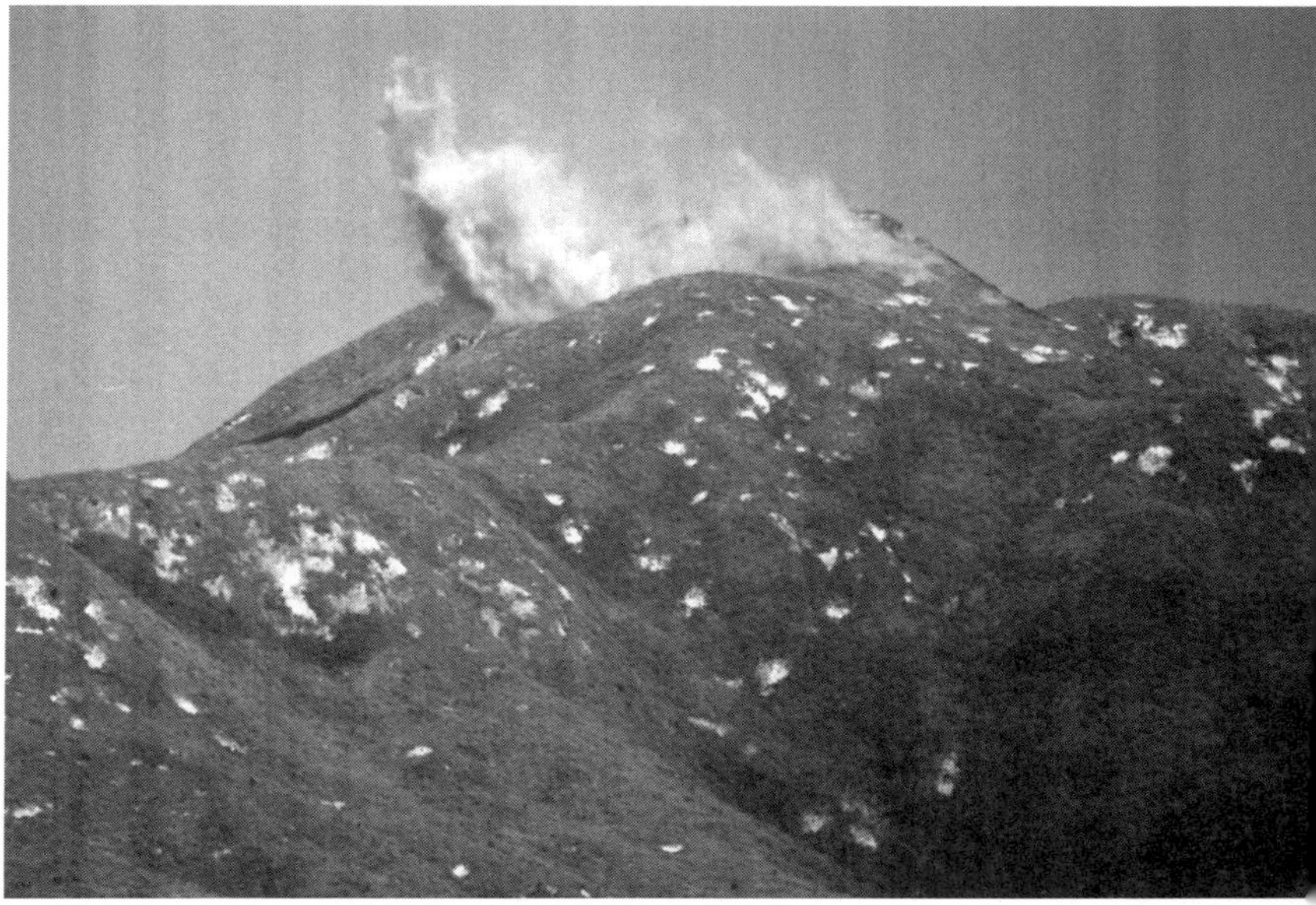

砲弾は県道を越え、ブート岳に着弾した［1989年10月 山城博明さん撮影］

２００ページを超える文書は日本が沖縄のどの地域で何を提供し、アメリカ軍はどう使用するか、が記されている。

キャンプ・ハンセン――。「使用条件」としてこう書かれている。

「……本施設・区域内においては実弾射撃が認められる。合衆国軍隊が使用する兵器は、水陸両用師団に編成上通常割り当てられる兵器の一般的範疇に入るものである。ヘリコプター及び固定翼航空機による弾着区域に向けての空対地の実弾射撃が認められる。爆発物処理が許される。爆破訓練は指定された射撃場内で行われる……」

「その他」の項にはこうある。

「……公道１０４号線の地元住民による使用は、合衆国軍隊の活動を妨げない限り許される」

同項は、アメリカ軍が県道１０４号を越えて実弾砲撃できる根拠というより、演習をしていないときに県民が道路を使用できる理由ということになる。

「この合意事項は、米軍の基地管理権を規定した地位協定第3条に基づくとしているが、施設局の言い分は、県民が県道104号線を利用しているのは『日米の恩恵による』というわけ」（4月25日付沖縄タイムス）

海兵隊が実弾砲撃演習を行うたびに、県道104号は封鎖された。

1974年2月、「実力阻止」が行われた。

反基地運動を担う原水爆禁止沖縄県協議会（県原水協）を中心に労働組合員や地元の人々が砲撃の着弾地付近に潜入。アメリカ軍は演習を一時中止した。

昼に県道の封鎖がいったん解除された隙に約100台の自動車を乗り入れ、沖縄県警の警告も聞かず、路上に「数珠《じゅず》つなぎ」にして止めようとした。

だが、午後になって軍は砲撃を再開した。県道に車を並べた人々の頭上を、音を立てて砲弾が飛んでいった。

反対運動は次第に激しさを増し、75年には労組員らが山中に入り込んで、予定の演習を中止に追い込んだ。

76年7月、着弾地近くで反対派の学生が負傷。人々の怒りは高まっていく。

そして同年9月、労組員4人が演習場内に入ったとして県警に逮捕された。

その一人が、沖縄タイムス労組執行委員だった糸数《いとかず》隆《たかし》である。この時、27歳。

糸数は「着弾地には不発弾もある。親戚にも危険だと止められたが、怖いとは思わなかった」。逮捕容疑は刑事特別法違反。日米安保条約を根拠とし、理由なく基地へ入ることなどを禁じている。その19年前、東京で旧立川基地の拡張に反対する学生らが逮捕された「砂川事件」でも同じ法律が使われた。

演習反対運動とそれに続く裁判での彼らの主張は、演習地の地名から「喜瀬武原闘争」と呼ばれた。被告側弁護団には、砂川事件の一審で無罪判決を言い渡した伊達《だて》秋雄が加わった。

糸数は法廷での陳述で沖縄の戦争体験と、密集する基地の現状、実弾砲撃による自然破壊を訴え、人々の思いを伝えた。

「もとより、一〇四号線にかぎらず、すべての道路は、そこに住む住民の生活道路であります。そして、私は国民としての生活が、このような生活手段が、支障なく平等に保障されるべきことが当然であると考えています」

「なぜ県民が全国の基地の半分以上の重圧を背負わねばならないのでしょう」

「憲法の発生とその理念にもとづいて、県民の生命と財産を守っていただくよう要望したいと思います」（刑特法被告を支える市民の会編『沖縄は訴える　キセンバルの火』より）

1980年5月、一審・那覇地裁は4人に懲役3月、執行猶予1年の判決を言い渡す。日米安保条約そのものが憲法9条に反するという被告側の主張には直接の判断を示さなかった。83年5月、福岡高裁那覇支部は被告の控訴を棄却。上告はせず、判決は確定した。

悲願の末に復帰した「祖国」には、「安保」という、憲法9条では制御し得ないもうひとつの制度が存在している。

県道104号越え砲撃演習は1997年に本土の演習場へ移転されるまで続く。実弾射撃はその後も続き、沖縄県のまとめによると、中部訓練場ではこれまでに400件を超える原野火災が発生している。

✣人が基地を囲む

沖縄で基地への反対運動が絶え間なく燃えさかっていたというわけではない。

1978年12月、革新知事、平良幸市が病気で辞職したことに伴う県知事選挙で、日米安保を容認する西銘《にしめ》順治《じゅんじ》が初当選を果たす。復帰後初めて、沖縄県政は革新から保守に変わった。

革新候補、知花《ちばな》英夫の敗退の原因について、当時の朝日新聞は、全国平均を大きく上回る高い失業率、軍用地料の値上げにより軍用地主たちが保守に傾斜したこと、などを挙げた。ベトナム戦争が終わり、反戦平和の意識も変わりつつあった。

これは西銘県政3期目の時のことである。

1987年6月21日。沖縄本島中部に広がり、極東最大といわれるアメリカ空軍嘉手納《かでな》基地のまわりを「人間の鎖」が取り囲んだ瞬間、大きな歓声があがった。人々はつなぎ合った手と手を空へ向けて高く掲げた。

雨の中、参加者は手をつないで基地を取り囲んだ。[1987年 沖縄タイムス社提供]

基地と街を隔てる総延長17・4キロの鉄柵を人の輪で包囲する試みに、主催者発表で2万5千人が参加。土砂降りの中、子どもからお年寄りまでがずぶぬれになって手をつなぎ、雨空に風船を飛ばした。

「復帰後、これだけの大衆が結集し行動したのは初めてだ。『反基地・反核』を掲げた反戦平和運動は、復帰を境にして沈滞化、そしてマンネリに陥っている、と指摘され、包囲行動の推進母体、県内最大のローカルセンター・県労協にも大きな危機感があった。（中略）今回の成功は、長いトンネルからの脱出口を見い出した、と言えるだろう」（6月22日付琉球新報）

「参加の規模、参加した人たちの顔ぶれ、当日に至るまでの取り組み、どれを取っても、今度の基地包囲行動は、沖縄における従来の反戦運動のワクを破るものであった」（同日付沖縄タイムス）

包囲の翌朝、朝日新聞（西部本社版）も1面トップでその成功を伝え、3面には夫と子どもとともに参加した女性のこんな言葉を載せた。

「これまでの基地反対の運動は一部の人たちだけのもので、基地反対の気持ちはあっても、私たちは加われなかった。人間の鎖は、家族ぐるみで参加できるのが何よりです。子どもたちにも意識をもたせようと来ました」

復帰からすでに15年。島を挙げて燃えさかった復帰運動を、子どもたちは知らず、反戦平和運動には行き詰まりが見られた。

反基地運動に市民を巻き込めないだろうか。

革新系の労働団体、沖縄県労働組合協議会（県労協）で、そんな話が出たのが始まりだった。

当時、事務局長だった吉元政矩《よしもとまさのり》（後の沖縄県副知事）は、自ら基地周辺の婦人会や老人会を回って参加を呼びかけたという。

「人間の鎖」と同じ日、米紙ニューヨーク・タイムズに1ページの意見広告を掲載した。

「命《ぬち》どぅ宝（命こそ宝）」の言葉とともに、広大な基地を抱える現状を訴えた。そこに掲載された写真は、後に移設が問題となる普天間飛行場だった。広告料は県産パインなどを労組員に買ってもらってかき集めた。

吉元は振り返る。

「本気で基地問題を動かそうとする知事を、県民は求めるようになる。そのきっかけにつながった」

基地のない沖縄へ。その願いを抱きながら、吉元はある構想を描いていた。

琉球大学教授の大田昌秀《まさひで》を次の知事に――。

基地問題や憲法についての発言で広く知られていた。

「人間の鎖」の成功から3年後の90年、大田は県知事選で初当選を果たす。

その前年、冷戦が終結した。時代は変わり、沖縄を取り巻く世界も変わろうとしていた。

✣安保堅持、自衛隊合憲

沖縄にとって、その衝撃は本土以上のものだった。

1994年6月、社会党委員長として47年ぶりに村山富市《とみいち》は首相に就任し、自民、社会、新党さきがけ3党による連立内閣が発足した。

アメリカ大統領クリントンから祝いの電話を受け、村山は伝えた。

「日米関係はお互いにとって、世界にとって重要であることを認識している。日米関係は日本外交の基軸であり、日米安保体制は堅持していく」（7月1日付朝日新聞夕刊）

7月8日、イタリア・ナポリでのサミットを前に日米首脳会談が行われ、そこで村山は外交方針の継続、日米安保体制の堅持などを伝えた。

そして20日、衆院本会議でこう述べた。

「冷戦の終結後も国際社会が依然不安定要因を内包している中で、我が国が引き続き安全を確保していくためには日米安保条約が必要であります」

「専守防衛に徹し、自衛のための必要最小限度の実力組織である自衛隊は、憲法の認めるものであると認識するものであります」(衆議院会議録)

日米安保堅持、自衛隊合憲――の表明だった。

翌日の国会では、社会党が憲法を守る立場から掲げてきた「非武装中立論」について、冷戦構造の崩壊により「政策的役割を終えた」と明言。アメリカ軍基地の存在は、「屈辱的なことであるとは考えておりません」と答弁した。

沖縄の新聞2紙の論調には、本土各紙以上に「護憲政党」の変貌に対する驚きと切実感がにじんでいた。

沖縄タイムス――「戦後日本政治を二分してきた『憲法と自衛隊』について、一方の旗手であった社会党が、ついに自衛隊の側に寄った、あるいは現実的存在を無視できず法的信任まで与えた一大転換である。(中略)悲惨な戦争を経て、人と人との、国と国との、互いの信頼に基づいた関係を築き上げようと決意して掲げたのが戦後憲法であった。そこには武力との、鋭い緊張関係があり、でき得る限り武力に力を持たせまいとする理念がある。

社会党が、必ずしも思うようにはいかない現実世界の中にあって、それでも武力との緊張関係に深く気を配り、平和理念を押し出そうとしてきたことは十分な意義を持つ。(中略)『社会党らしさ』は、これからどうなっていくのだろうか」(7月21日付社説)

党首会談を前に握手を交わす（左から）武村正義・新党さきがけ代表、村山富市新首相、河野洋平・自民党総裁［1994年6月30日 共同通信社提供］

琉球新報――「『いつどのような理由で社会党の憲法解釈を変えたのか』というのは、だれもが抱く社会党に対する疑問であろう。しかしながら村山首相の答弁では憲法判断の変更経緯がよく分からないのである。（中略）首相は自衛隊の最高指揮官の地位にある。従ってあいまいな理論づけでは許されない。（中略）この自衛隊の合憲表明で同党支持者の中には失望し、戸惑う人も出るだろう。（中略）社会党が『現実的になった』とする見方もあれば、『裏切り』との見方もあるだろう。社会党は『日本丸』の方向を見誤らないようにしてほしい」（同日付社説）

沖縄において、強大なアメリカ軍基地と対峙し、人々の抵抗を正面で支える存在として社会党はあった。

同党の沖縄県本部は7月末、執行委員会を開催。「反安保・反自衛隊」を貫くことを決め、「非武装」の理念の継続を主張した。

時代は転換期にあった。

「護憲」の象徴ともいえた社会党の首相が「安保堅持、自衛隊合憲」と表明したことは、沖縄のメディアにとっても衝撃だった。復帰から22年。この変容をどう受け止めるべきなのか。新聞社の中で議論が始まっていた。

憲法の理念を尊重し、島にひしめくアメリカ軍基地から起きる問題を報道し、検証することは、沖縄の新聞にとって最も重要なテーマのひとつだ。

沖縄タイムス記者、長元朝浩は驚きで受け止めた。

「沖縄での反戦平和運動の土台を掘り崩すほどのインパクトだった」

これまでの「反戦平和」への取り組みを問い直すべきでは——。タイムス編集局でそんな話が出たのは発言の直後だった。

連載「反戦平和」は94年7月25日から同紙で始まった。

タイトルカットに工夫をこらした。縦に並ぶ4文字、「反戦」から「平和」にかけて亀裂が入り、ゆがんでいる。

長元は地元の社会党関係者の動揺を取材した。連載1回目、ある市議は「魂が抜けたような感じです」。見出しには、市議が妻から言われたという言葉がある。

「こんな社会党なら辞めたらどうねぇ」

その後の回では、同党県本部の戸惑い、自衛隊基地の建設反対運動を続ける本島北部の人たちの失望、そして県知事、大田昌秀の苦悩――。

安保廃棄、基地撤去を訴えて4年前に当選したが、行政の長として「現実的対応」を迫られていた。「憲法を大事にし、反戦平和を求める気持ちに変わりはない。沖縄にとって、これだけは譲れない一線だ」という大田の言葉で締めくくられる。

私はこの年、朝日新聞社との人事交流で沖縄タイムス社の記者となり、初めて本格的に沖縄の現実に向き合っていた。

この連載の取材班に加わり、学校で平和教育を受けながらも自衛隊入隊を希望する若者たちに取材をした。記事には入隊した10代の地元青年が登場する。教師を目指したが、琉球大学の受験に失敗し、自衛隊にいる友人の「ただで飯が食えて、体も鍛えられる」という一言が転身を促したという。記事で彼のこんな言葉を伝えた。

「高校一年の時、壕《ごう》巡りをしたが、先生にどんな話を聞いたか覚えてない」

若い世代に沖縄戦を伝えようと平和学習に努力してきた高校教師らの自問がそれに続く。

村山発言は、「反戦平和」の意味の再考を沖縄に求めた。同時にそれは、本土の人々に対して、また、政治家たちに対しても、日米関係の再認識を迫ることだった。

✣日米外交を担う

94年6月29日、政治の激動の末に、社会党委員長、村山は首相指名を受け、翌日には自民、社会、新党さきがけ3党による連立内閣が発足する。それから21年。村山政権で副総理・外務大臣を務めた当時の自民党総裁、河野洋平《こうのようへい》は首相指名の日のことを語った。

村山は、河野とさきがけ代表の武村正義《たけむらまさよし》に向き合い、協力を要請したうえでこう言った。

「どちらでもいい。大蔵大臣と外務大臣のポストを2人で引き受けてほしい」

組閣に向け、重要なふたつの大臣ポストを両代表に託した。

2人は顔を見合わせた。

どちらを引き受けるべきか。河野は、知米派で知られる元首相、宮沢喜一に相談した。

即答だった。

「それは外務大臣です」

日米安保条約や自衛隊に批判的な立場をとってきた社会党の首相が誕生したことで、アメリカは日本との関係に懸念を持っている。従来通り、日米関係は自民党が担当することを示し、アメリカを安心させなければならない。

それが宮沢の考えだった。

日本にとって重要な日米関係を担う。

外相を引き受けた河野の心には、その気持ちが刻まれたという。

海外の主要メディアの論調にも、自社さ政権に戸惑いと懸念が表れた。

政権発足の翌月、村山はイタリア・ナポリでの主要国首脳会議（サミット）へ向かう。サミットに先立ち、アメリカ大統領クリントンとの会談に臨み、日米安保体制の堅持を表明。社会党への不安を払拭するように、自らの生い立ちを語った。２人だけの会談は予定の時間を大幅に超過した。

朝日新聞は社説でこう書いている。

「かつての社会党では考えられなかった『日米安保条約堅持』の方針を伝えた。自身の経歴や就任のいきさつを率直に語ったことも、まずまずの好感を与えたようだ。（中略）評価は実行次第にせよ、突然現れた『社会党の首相』に対する各国の不安感は、かなり薄めることができたのではなかろうか」（7月12日付）

この後、村山は国会で「自衛隊合憲」を表明する。

朝日新聞の社説にも表れたように、この時の本土の雰囲気は沖縄とは違い、護憲政党の変貌への驚きよりも体制が変わらぬことへの安堵《あんど》感が大きかったようだ。

村山自身は当時どんな心境だったのか。地元・大分を訪ねた。

「よく覚えちょる」

大分市の社会民主党大分県連合の事務局で、村山はゆっくりと語り始めた。

連立政権が発足したとき、村山は、「盟友」である河野と武村に外相と蔵相への就任を要請した

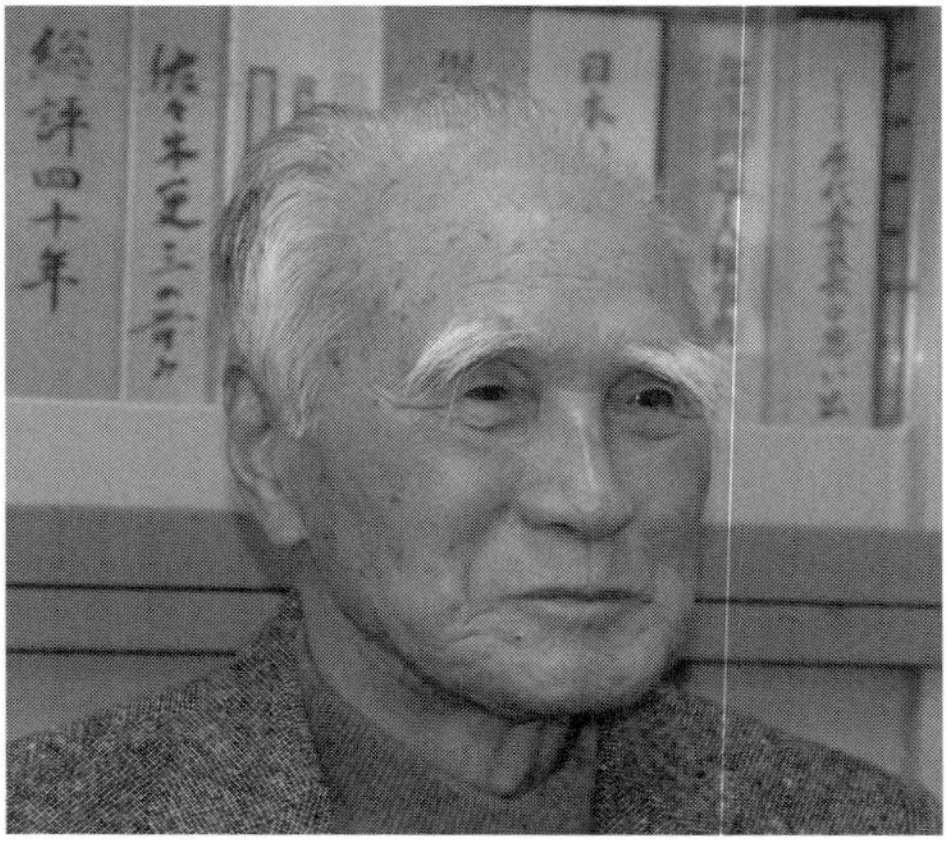
政権発足時の思いを語る村山富市元首相

が、とくに外相の職責について村山が一番に気にかけたのが「アメリカとの関係」だった。

日本外交にとっての日米関係の重要性は、「護憲政党」が政権を担っても変わることはない。村山自身、そのことはよくわかっていたという。

「アメリカと、どううまくやっていくか。それなくして政権の維持は難しい」

長い間、日米関係を担ってきた自民党の河野が外相に就任したことは、その意味で思い通りの結果だった。河野に外相を選ぶよう強く推奨した自民党の長老、宮沢の考えとも大きな違いはなかった。

「安保には『功罪』両面ある」と村山はいう。

アメリカ軍の基地は少しずつ整理していくべきだが、政権交代ですぐに「破棄」などできるはずもない。平和憲法のもと、日米安保を背景に日本が「軍事大国」にならず、周辺諸国に安心感を与え、経済的発展を遂げたことはマイナスではない——。

それが村山の考えだった。

国民の多くが認めている自衛隊も専守防衛に徹する限り違憲ではない。

「政権をとった以上は社会党も現実的になるべきだ」

連立政権を転機として「現実路線」へ。当時の発言は決して自民党との妥協の結果ではないという。その時沖縄にいた私は、かの地での雰囲気を覚えている。

沖縄にとっては衝撃的でした——。

そう伝えると、村山は答えた。

「沖縄にはあれだけの基地があり、強い思いがある。その現状を踏まえ、沖縄と思いを共有し、配慮していくことが必要だ」

社会党首相として安保、自衛隊を認めた村山の発言には党内からも批判があった。

だが、そのことの是非とは別に私が思うのは、「保守・革新」といわれた政治的立ち位置の差異よりもはるかに大きい、ヤマトと沖縄の乖離《かいり》である。

村山政権はこの後、沖縄をめぐって日米安保体制を揺るがす事態に直面する。だがその前に発足から2カ月余りで、沖縄で問題が持ち上がった。

✣「基地との共生、共存」

沖縄の前にある「障壁」がはからずもその姿を見せた——。あの時のことを表現するならば、そんな感じだったように思う。

それは記者会見での発言だった。

防衛施設庁長官に就任したばかりの宝珠山昇《ほうしゆやまのぼる》は沖縄を視察し、知事の大田昌秀と会談した。連立政権の発足から2カ月余り、1994年9月8日のことである。

この席で、沖縄本島北部で計画中の海上自衛隊の施設建設が話に出る。潜水艦の情報収集などを行う哨戒機《しょうかいき》P3Cのための送信所だが、地元では反対運動が起こり、計画は進んでいなかった。宝珠山は県の協力を求めたが、大田は、基地の整理縮小を求める立場から難色を示した。防衛施設庁は、自衛隊の基地建設や在日アメリカ軍への施設区域の提供など基地業務を担当する官庁だ。現在は防衛省に統合されている。

帰任する9月9日、出先機関の那覇防衛施設局で会見した。記者団から、アメリカ軍基地の整理縮小の問題などについて考え方を問われた。

当時の新聞によると、発言の要旨は次のようなものだった。

「冷戦終結で世界が大きく変わりつつある。国内でも反安保、反自衛隊を掲げていた（社会）党が安保堅持、自衛隊合憲と（政策を）百八十度転換した。沖縄はアジアの世界で戦略的に極めて重要な位置にあるということは歴史が証明している……好むと好まざるとにかかわらず、国家の要請として存在すると思っている。逆に言うと、基地を提供する優れた位置にある。これをプラスに転じて基地を受け入れることによって、基地と共生、共存する方向に変化してほしい。そうすれば、私ども（防衛施設庁）も米軍側も建設的な話し合いのテーブルにつけると思う」（9月10日付沖縄タイムス）

「基地を提供する優れた位置」とはどういう意味だろうか。そして「共生、共存」とは――。

基地は国家にとって必要であり、好悪に関わりなくそれを認め、「共生」の道を選ぶならば要望を聞くことにやぶさかではない。そう受け取れる。

前日の大田との会談でも、「共生、共存」という言葉を使っていた。長い間、基地から発生する数々の事件、事故に苦しんできた人々への言葉ではなかった。

この時の記者会見を取材していた沖縄タイムス記者、稲嶺幸弘《いなみねゆきひろ》もその言葉に違和感を抱いた。だが、発言の細部まではメモが追いつかず、カセットテープに録音した。

「共生、共存」発言をどう考えるべきだろう。

稲嶺は、違和感が頭から離れなかったが、問題としてどう捉えるべきか、すぐに考えがまとまらなかった。当時、入社6年目で沖縄県政を担当していた。録音テープを聞き直し、取材から戻ってきた県政キャップの新里正次《しんざとまさじ》に相談した。

大変な内容を含んでいる。新里はそう考え、原稿を書くよう指示した。

基地と生きることは沖縄の「宿命」というのか。共生、共存を強いられても、「共栄」は決してあり得ない。

長年、沖縄県の基地政策を取材してきた新里には、宝珠山の発言が意識的なメッセージのようにも思えた。

翌朝の地元2紙はいずれも1面トップの横見だしで発言を取り上げ、関連記事を大展開した。

琉球新報の1面見出しは「『基地と共生、共存を』　県に政策変更求める　戦略上の要地強調」（9月10日付）。

2、3面見開きで県内各政党、各自治体の長の談話を載せ、社会面では、哨戒機P3Cの送信所建設に反対する住民のこんな言葉を伝えている。

「沖縄はいつまで〝重要な島〟でなければいけないのか」

沖縄タイムスの1面は「沖縄は基地共存が宿命　『縮小』の県民感情逆なで」（同日付）。社会面もトップで、県内の平和団体などの声を集めている。

稲嶺は解説記事でこう書いた。

「防衛施設庁長官の『沖縄の基地宿命論』発言は、基地のない沖縄を要望する県民感情と真っ向から対立するものだ」

そして「防衛施設庁のトップとして『国防優先』の〝本音〟が出たとの見方が強い……安保の重荷からの解放を求める県民と、政府・防衛関係サイドとの認識の溝の深さだけを改めて印象づけた」（9月11日付同紙）。

宝珠山発言は国会でも問題となった。更迭《こうてつ》を求める声が上がり、社会党沖縄県本部は、党中央との関係を一時凍結する事態に発展した。混乱は翌月の発言撤回後まで続いた。

翌年1995年は「戦後50年」である。

稲嶺は、普天間《ふてんま》飛行場の近くで生まれ、軍用機の飛来を見上げながら育った経験を持つ。基地の

宜野湾市中心部の住宅密集地に位置する普天間飛行場［©OCVB］

異様な光景は日常だった。

ある意味、普天間と「共生」していたのかも知れない――。20年余を経て、タイムス社会部長を務める稲嶺はそう語る。

彼にとってこの時の経験は忘れがたいものとなり、沖縄の戦後史を学びなおすきっかけとなったという。

当時、タイムス社会部の記者だった私は、稲嶺から会見のテープを聞かせてもらったことを思い出す。今振り返ると、発言には、基地の重圧や人々の戦争体験への認識の浅さとは別に、より根深い何かがあるように思える。

沖縄の新聞には連日、発言への憤りがみなぎっていたが、全国紙での扱いはそれとは比較にならないぐらい穏やかなものだった。

今はこう考えている。

あの時の「共生・共存」発言は、沖縄で新たな基地建設を進める本土の側の今現在の発想に、底流の部分でつながっているのではないだろうか。そして、それは政府、外務防衛当局の思考というよりも、「ヤマト」に住む私たち日本人の心の奥底に存在するものではないのか。

それこそが「見えざる障壁」であり、今日、沖縄の人々から「差別」と呼ばれるものではないのか。

第六章　憲法からの「疎外」

✣少女暴行事件

1995年という年は、日本の戦後において多くの意味を持っている。敗戦から50年にあたるこの年、阪神・淡路大震災の発生で「災害の国」の危機管理体制の脆《もろ》さが明らかになり、オウム教団による地下鉄サリン事件で、長年の「安全神話」は揺らいだ。

わけても沖縄を考える上で忘れてはならない事が起きた年でもある。

その事件を思うたび、今も心は痛み、書き記すことさえためらわれるのだが、目をそむけるわけにもいかない。沖縄の「今」に直接つながっていることでもあるからだ。

当時、私は交流人事で1年間所属した沖縄タイムス社での記者生活を終え、そのまま沖縄に残って95年春から朝日新聞那覇支局員として取材をしていた。沖縄での仕事を続けることは希望していたことだった。タイムス記者としての1年間を通じて多くの人々に話を聞く機会を得たが、その出会いを糧として引き続き沖縄と日本を考えていきたいと思っていた。そして、私はさらに多くの人々、多くの事々に向き合うことになる。

95年9月8日、昼過ぎのテレビのニュースで事件を知ることとなった。

ニュースは伝えた。

小学生の少女を拉致《らち》、暴行した容疑で、沖縄県警はアメリカ兵3人の逮捕状を取った——と。

アメリカ兵が少女を暴行……。寝耳に水だった。他社に先んじられることは、いわゆる「抜かれ」

である。

急ぎ県警本部に電話を入れて確認の取材をしながら、事件の深刻さを聞き、暗澹《あんたん》たる気持ちになったのを覚えている。

前年、防衛施設庁長官の「基地と共生、共存」発言でも、あれほどの大きな怒りが沸き立ったが、それとは比較にならないぐらいの重大な事態だった。

被害を受けた少女の苦痛は計り知れず、ニュースに接した人々は衝撃を受けるとともに、その心の痛みを思ったに違いない。

沖縄では多くの人がその苦悩を共有していくことになる。

私の書いた事件の一報記事は、朝日新聞の社会面に載った。

「米兵、女児に乱暴容疑　沖縄県警が3人に逮捕状」(9月9日付)

事件が起きたのは、9月4日午後8時ごろ。この季節の沖縄ではまだ薄明るい時刻だ。海軍兵1人、海兵隊員2人の計3人のアメリカ兵は、住宅街で買い物帰りの小学生を拉致、車で連れ去った。

記事は、那覇支局を管轄する西部本社の版は3段見出し、東京本社版は1段見出しの扱いだった。

朝日新聞の本社では、その後に続く事態への想像力はまだ働いていなかったと思う。もちろんそれは私の責任である。

沖縄タイムスは9日付の社会面トップで事件を伝え、琉球新報は8日付夕刊と9日付朝刊で報じた。ただ、両紙とも防衛施設庁長官の「共生・共存」発言の第一報に比べると、控えめなものだった。被害者への配慮もあったと思う。

この時に各紙が記事に盛り込んだのが、容疑者のアメリカ兵の「身柄」の取り扱いだった。逮捕状を取ったものの県警は容疑者を逮捕できず、3人はアメリカ軍基地の中で拘束されていた。その理由は「日米地位協定」である。日米安保条約に基づいて日米両国が取り決めたもので、駐留アメリカ軍の、いわば「特権」を列記した協定は、刑事裁判権に関する「第十七条5(C)」でこう定めている。


日本国が裁判権を行使すべき合衆国軍隊の構成員又は軍属たる被疑者の拘禁は、その者の身柄が合衆国の手中にあるときは、日本国により公訴が提起されるまでの間、合衆国が引き続き行なうものとする。


事件の通報を受けて、県警はアメリカ軍の捜査当局に協力を求めた。アメリカ軍当局は兵たちが使ったレンタカーから3人を割り出し、拘束した。こうした場合、裁判権そのものは日本側にあるものの、容疑者の身柄は「合衆国の手中にある」ため、起訴するまでは日本の捜査機関は拘束できないことになる。

痛ましい事件への怒りは次第に広がっていく。

事件の翌週の9月11日、女性たちの団体が沖縄県庁で記者会見した。代表の高里鈴代《たかさとすずよ》は涙で声を

沖縄・北部訓練場の森林地帯で激しい訓練に明け暮れる海兵隊員たち［1996年］

詰まらせながら抗議書を読み上げ、被害を受けた少女に思いを致しつつ、兵たちの行為を「最悪の犯罪」と断じた。

沖縄県知事の大田昌秀《まさひで》は会見で「基地があるゆえに起こってはいけないことが起きてしまった」とアメリカ軍を批判した。

在沖縄アメリカ総領事のオニールは大田を訪ねて陳謝し、容疑者であるアメリカ兵3人の取り調べには全面的に協力すると伝えた。

琉球新報が始めた緊急連載のタイトルは、当時の沖縄の思いをそのまま表現していた。

「いまだ〝占領下〟」

その1回目でこう書いている。

「復帰から二十三年がすぎた今もなお後を絶たない『米兵犯罪』。発生するたびに繰り返される『綱紀《こうき》の粛正《しゅくせい》』。いつまで同じことを続けるのか――。相変わらず広大な米軍基地を目の前にした

県民の怒りや不安は計り知れない」(9月13日付)

復帰前の1955年、本島中部で幼女がアメリカ兵に暴行され、殺害される事件があった。当時は軍関係者に対する裁判権も日本にはなかった。

それから40年を経てもなお凶行は繰り返される。72年に日本に復帰した後も、兵士による犯罪はしばらく減らず、77年は凶悪《きょうあく》犯だけで69件に達し、復帰後最多を記録した。80年代後半にようやく減り始めたものの、アメリカ軍関係の事件だけで合計が100件を超える年もあった。

飲酒運転の事故で主婦を死なせた兵士が軍事法廷で無罪になり、そのことが70年12月の「コザ暴動」につながったことはすでに書いたが、凶悪事件のアメリカ兵容疑者の身柄が、日本の捜査機関に引き渡されない事態は、沖縄の人々に復帰前の悪夢の記憶を呼び覚ますことになる。

9月19日、沖縄県議会は抗議を決議するとともに、政府に地位協定見直しと基地の縮小を求める意見書を採択した。

同じ日、知事の大田は外務大臣の河野洋平を訪ね、地位協定見直しを要請した。

当時の報道などによると、会談の席で次のようなやりとりがあった。

大田「政府が安保条約の重要性を強調するのは分かるが、そのしわ寄せが沖縄に集中するのはいかがなものか」

河野「捜査は支障なく行われていると聞いている。直ちに地位協定を見直すべきだというのは、議論が少し走り過ぎている」

この言葉に大田は憤慨《ふんがい》し、沖縄の怒りは高まった。

✣地位協定の見直しは

アメリカ兵容疑者の身柄が問題になっていたころ、私は沖縄に駐留するアメリカ海兵隊に、３人の拘束状況について取材を申し入れた。

海兵隊は取材に応じ、キャンプ・ハンセンの基地内にある四軍合同刑務所の一部を見せた。収容房が並び、厳重な監視下に置かれた施設だ。３人のアメリカ兵はその中の特別に厳重な警戒区域に拘束されているという説明だった。

沖縄では復帰後にも、強盗致傷事件の容疑者のアメリカ兵が基地内での拘束がゆるいために起訴される前に本国に逃げ帰ってしまうという事例があった。今回はそういうことにはならない、と海兵隊は強調したかったようだ。

それまでの拘束の杜撰《ずさん》さは論外だが、あの時の人々の怒りはもちろんそれだけではなかった。事件の痛ましさに加え、凶悪犯罪の容疑者でありながらアメリカ軍人というだけの理由で別格の扱いを受けていることへのやり切れない思いがあった。

沖縄県議会の米軍基地関係特別委員会で沖縄県警の幹部は、アメリカ軍に容疑者の引き渡しを申し入れたが、地位協定を理由に拒否されたと説明。捜査手続きに支障はないが、取り調べは午後4時に終わるため通常に比べてやや時間が少ない、と述べた。

少女暴行事件当時のことを語る河野洋平・元外相

取り調べに当たっていた警察署の幹部は取材に「凶悪事件の容疑者なのに、任意聴取しかできない」とこぼしていた。

そして事件への憤りは、長い間、そうした状況を看過してきた日本政府への不信感につながっていく。

「議論が少し走り過ぎている」

日米地位協定の改定を求めた大田に対し、外相の河野洋平が否定的に回答したことは、現地で厳しい批判を浴びる。

河野は当時を振り返り、こう語る。

「もう二度と沖縄には行けないと思うほどだった」

河野は、大田との会談までのいきさつを次のように語った。

村山富市政権は、自民、社会、新党さきがけ3党による連立政権だが、河野は大田との会談の前、連立与党の会議に出席した。

そこには関係閣僚や各党の幹部が顔をそろえ、社会党はもちろん自民党の議員からも、アメリカの姿勢や地位協定を問題視する厳しい意見が相次いだ。

会議に駆けつけた河野は、アメリカ政府から丁重な謝罪も受けていると説明したが、それに対しても、アメリカ寄りではないか、という雰囲気になったという。

つるし上げになりかかったのを制したのは、通産大臣の橋本龍太郎だった。

「地位協定改定というのは議論が走り過ぎているのではないか」

橋本はそう述べたうえで、「事件の解明と再発防止策にまず取り組むべきではないか。地位協定はその次の話だ」と説いた。橋本の存在感に出席者からも目立った反論は出ず、引き続き外相の努力にゆだねることで会議は終わったという。

河野は、駐日アメリカ大使モンデールとは以前から親しい関係だった。

モンデールは事件を重く受け止め、深い謝罪の意を表すとともに3人の兵士の行為を厳しい口調で非難。日本の警察の取り調べには曜日、時刻を問わず、全面的に協力することを約束した。

しかし、地位協定の改定だけは承服しなかった。

世界中に軍隊を展開しているアメリカは、各国と協定を締結しており、改定は日本だけの関係にとどまらないという。

河野の心には、外相就任の時に元首相の宮沢喜一から言われたことがあった。日本外交にとって最も重要なアメリカとの関係を担わなければならない。

村山政権は95年10月、地位協定の「身柄拘束」問題について外務・防衛当局者による日米合同委員会で「運用改善」に合意した。以下がその内容だ。

合衆国は、殺人又は強姦《ごうかん》という凶悪な犯罪の特定の場合に日本国が行うことがある被疑者の起訴前の拘禁の移転についてのいかなる要請に対しても好意的な考慮を払う。合衆国は、日本国が考慮されるべきと信ずるその他の特定の場合について同国が合同委員会において提示することがある特別の見解を十分に考慮する……

要するに、アメリカは兵士らが殺人、強姦などの凶悪事件を起こした場合は、起訴前であっても容疑者の身柄の引き渡しに応じるということを取り決めた。

しかし、地位協定そのものは今日に至るまで一文字も変えられていない。

村山政権は沖縄の声を受け止め、新たな協議機関「日米特別行動委員会（ＳＡＣＯ）」を設置し、基地の整理縮小に向け、アメリカ政府と本格的な検討を始める。

河野は当時を振り返って語る。

沖縄の基地に関して、「日本政府として『ビッグチェンジ』をするだけの力はなかったと思う」。

✣代理署名拒否

沖縄県知事、大田昌秀の答弁に拍手とどよめきが広がった。

「……沖縄の基地機能が強化され、基地が固定化されるのではないかと強く危惧《きぐ》しています。私は、このような沖縄の基地を取り巻く背景及び諸般の状況を踏まえたとき、今回の土地調書及び物

代理署名拒否を表明し、記者会見する大田昌秀知事［1995年］

件調書への署名押印は到底困難であるとの考えから、国に対して署名押印はできない旨の通知をすることにしています」（沖縄県議会本会議録）

1995年9月28日、少女暴行事件から24日後、県議会で大田は「代理署名拒否」を初めて宣言した。

このことが政府にとって、また、日米安保体制にとってどのような意味を持つか、説明しておきたい。

沖縄でアメリカ軍の基地に使われている軍用地には、国有地だけではなく、自治体や個人が所有している土地が多い。県のまとめでは、約3割が私有地だ。敗戦後のアメリカ統治下で強制的に接収された土地が多いからだ。

復帰後、こうした土地は日本政府が地主

に地料を支払って借り上げ、軍用地としてアメリカに提供している。だが、「反戦地主」と呼ばれる人たちは基地の撤去を求めて賃貸契約を拒否している。その土地は駐留軍用地特別措置法によって強制的に収用することになる。

この時の契約拒否地主は約2900人で、土地の広さは嘉手納《かでな》基地などの約37万平方メートルに及んだ。

手続きは土地収用法に準じた形で、国は、沖縄県収用委員会の裁決を経て使用権原《けんげん》を得るが、その申請には土地調書などへの地主本人、あるいは自治体首長の署名が必要となる。反戦地主は署名も拒否する。さらに首長も拒否した場合、県知事が代理で署名することが「機関委任事務」として当時は定められていた。「代理署名」というものだ。それらの手続きがすまなければ、国はアメリカ軍に提供する用地の使用権原を失い、基地は「不法占拠」となる。

大田はその代理署名を拒否した。

答弁を終え、議場から退出した大田を記者団が取り囲んだ。私たちの質問に大田は静かに答えた。

――拒否する最大の理由は？

「二十一世紀に向けて若い人たちが希望をもてる沖縄をつくろうと言い続けてきた。しかし、安保体制が議論される中で、沖縄の基地が将来どうなるのかについてほとんど言及がないし、基地が沖縄に過重な負担をかけたまま、安保の重要性が日米間で再定義され、沖縄の基地が固定化される懸念が強くなっている。県民が五十年願ってきたこととは違ってきた。行政の長たる知事が、賛同することは難しい。国にも率直に事情を申し上げたい」

大田はその4年前、初当選の翌年に、強制使用のためのもうひとつの機関委任事務である、関係書類の「公告・縦覧」を国から求められ、その時は応諾していた。そのことを質問されるとこう答えた。

「ある意味で公約に反する行為だったので、非常に心苦しかったが、行政に十分習熟しておらず、県の職員に迷惑をかけたくなかった。いろいろな課題を解決するためには、現実的な配慮も必要と踏み切った。国は、知事が誠意をもって協力したことを評価して、基地の整理縮小にこたえたいとのコメントも出した。だが、その後の経緯を見ると、今回は違うのではないか、と……」

アメリカ兵の事件の影響に質問が及んだ。

「本質的には別だ。事件が起こったからというより、二十一世紀に向け、沖縄が今のまま基地の県であり続けることは、県民感情から言っても耐え難い。事件が県民感情を刺激したという点はあるが、むしろ将来の沖縄をつくるうえで、このままでいいのか、と考えた。しかも土地収用のあり方が、地主たちの同意を得ない形で強制使用されてきたのだから、憲法のもとで許されるかという問題も含め、検討した」

そこまでの回答で大田の思いはほぼ言い尽くされていたが、もうひとつ聞かなければならないことがあった。

——国の圧力は？

「ないと信じている」

——国からの提訴は？

「そういう手続きもあると理解したうえで、検討したことだ」

事件だけではなく、その胸中には、基地の縮小が一向に見通せないという懸念があった。機関委任事務を拒否すれば国から訴えられることになる。それは分かっているが、基地縮小を求めることに「圧力」はないはずだ、と。

一部の軍用地は半年後の96年３月末で使用期限が切れることになっており、それ以外の土地も97年５月には期限を迎える。

沖縄タイムスの翌朝刊社会面の見出しは「大田さん　よくやった！」（９月29日付）。社説では「戦後五十年も引きずってきた対米追従の姿勢を改め、政府との対決も想定したうえでの知事の判断を真摯に受け止めるべきだ」（９月30日付）と、決断の意味するものを政府に突きつけた。

政府への問いは琉球新報の社説も同じだった。

「大田知事の決断は、国益、国策の大義の前に歴史的に苦汁を飲まされ続けてきた沖縄の知事ならではだろう。次に決断と姿勢が問われるのは村山首相である」（９月29日付）

大田が代理署名拒否を表明した日の翌日、那覇地方検察庁は容疑者の海兵隊員ら３人を那覇地方裁判所に起訴した。

地位協定にもとづき、身柄は日本側に引き渡された。

✣戦火の記憶

反戦地主らの所有地を強制的に借り上げるための「代理署名」を大田昌秀が拒否した理由は、アメリカ兵による暴行事件だけではなかった。

広大なアメリカ軍基地をそのまま受け入れることはできない。早くからそう決めていた。

事件発生から半年ほど前の1995年2月、アメリカ国防総省はアジア太平洋地域の安全保障について指針を示す「東アジア戦略報告」を発表。その中には、冷戦後も日本、韓国を中心にアメリカ軍10万人体制を維持することが明記されていた。

このままでは基地は恒久的に沖縄に置かれ続けてしまう――。そう懸念した。

太平洋戦争末期の沖縄戦を体験したことも大きな理由だった。

沖縄師範学校生だった大田は、「鉄血勤皇隊《てっけつきんのうたい》」の一員として戦場に駆り出された。そこで想像もしなかった光景を目の当たりにする。食料を奪い合い、避難壕から住民を追い出す日本兵たちの姿だった。

かろうじて戦火を生き延びたものの、多くの友人を亡くし、希望を見失い、生きる意欲さえも残っていなかった。

本島中部にいた時に、施行されて間もない日本国憲法の写しを見せられる。

あの時の感動は今も忘れない。

鉛筆で書き写した。前文の格調の高さ、そして9条に心を打たれた。

日本は戦争をしない国になった。憲法の言葉を読み、もう一度、生きる意味を見いだすことができたという。

二度と戦争は起こしてはならない。それは揺るぎない決意として心に刻まれる。

平和の思想とともに心ひかれたのが、憲法の地方自治を定めた条項だ。沖縄では長く無縁の言葉だった。

国と地方自治体は本来、対等であるはず。安全保障を「国益」として、沖縄だけに過密な基地を押しつけることが許されるべきではない。

「沖縄は憲法と最も縁が薄い地だった。その沖縄の人々が憲法を一番大事にしてきた」と大田は思う。

後に示した署名拒否についての説明文書にはこう記されている。

「私の基地問題に対する基本政策は、来たるべき21世紀に向けて若い世代が希望の持てる『基地のない平和な沖縄をめざし、米軍基地の整理縮小を促進する』ことである」

署名拒否から23日後の10月21日。

ベトナム戦争の時代から「国際反戦デー」と呼ばれるその日、宜野湾市の海浜公園で、事件に抗議する「県民総決起大会」が開催された。大勢の人であふれる海辺の広場はかつてない熱気に包ま

少女暴行事件に抗議し、基地縮小を求めた県民総決起大会
[1995 年 10 月 21 日 琉球新報社提供]

れ、国道58号には会場を目指す車が列をなした。

県内外から人が集まり、主催者発表で8万5千人、警察発表で5万8千人が参加。アメリカ軍への抗議集会としては過去最大規模となり、被害者への謝罪、基地の整理縮小、地位協定見直しなどを求めて決議した。

大会には保守革新という党派を超えて県内の様々な団体が加わり、「島ぐるみ闘争の再現」と言われた。50年代、軍当局の土地接収に対し、島の人々がこぞって反対運動に立ち上がったことになぞらえた。

壇上に立った大田は、冒頭で行政の長として事件発生を防げなかったことを謝罪し、用意された原稿にはない署名拒否に至る考えを語った。

「今回は、代理署名を断った。産業、教育、雇用などを含め、沖縄は絶えず基地に足を引っ

張られてきた」（22日付朝日新聞）

拍手と歓声が広がった。

私もその場にいた。会場にはヤマトから駆けつけた人が大勢いて、誰もが沖縄の苦境に思いを寄せ、共感していた。

少なくともその時はそう感じられた。

同年12月、総理大臣の村山富市は、地方自治法にもとづき、機関委任事務を拒否した大田に職務執行を求める訴訟を福岡高等裁判所那覇支部に起こした。拒否に対する法的な措置である。法廷で沖縄県側は憲法論争を挑むが、翌年8月、最高裁はその主張を退ける。

提訴に先立ち、村山は大田を首相官邸に招いて語り合った。

村山は、総決起大会で大田がまず謝罪の言葉を述べたことを知っていた。悩んだ末に署名拒否に至った心境も間接的に聞いていた。日本の首相も謝らなくてはならない、と大田に語った。

知事に署名を求めることはできない。ただ、日本政府としては手続きを進めなければならない。その立場だけは分かってほしい――。そう伝えたという。

96年4月1日午前0時、本島中部・読谷村にあるアメリカ軍の通信傍受施設、楚辺《そべ》通信所の一部用地が、手続き未了のまま契約の期限切れとなり、政府は土地使用の法的根拠を失って「不法占拠」となる。

深夜、「象の檻《おり》」と呼ばれた巨大アンテナを備える通信所のゲート前で、反戦地主らが抗議を続けた。

沖縄が掲げた反旗により、日米両政府は安保体制を維持するための対応を迫られていた。

✣普天間返還合意

あの日を振り返ると、沖縄にいた記者の一人としてもう少し何かできたのではないか、もっと違う記事が書けたはずではないか、と思ってしまう。

書かなかったわけではない。しかし、それらの記事は後々、沖縄の前に形作られていった道筋を変え得るものではなかった。現在に至るまでの沖縄とヤマトの対立と混迷の深さを見つめながら、記者としての無力感はどうにも拭いようがない。

1996年1月、村山富市は首相の座を退き、自民党の橋本龍太郎が継いだ。外務大臣も河野洋平から池田行彦に代わっていた。

4月12日。その夜、沖縄がひとときの歓喜と興奮に包まれたのは確かだ。

日本経済新聞がその日の朝刊に1面横見出しで特報していた。

「普天間基地、5年内返還　日米が基本合意　嘉手納に機能移転」（4月12日付）

本島中部・宜野湾市の海兵隊基地、普天間飛行場を全面返還することに両政府が合意したことを、いち早く報じたものだった。

その日の夜、首相の橋本と駐日アメリカ大使モンデールは官邸で記者会見した。

普天間飛行場の返還合意を発表した記者会見を笑顔で終える橋本龍太郎首相とモンデール駐日アメリカ大使［1996 年 4 月 共同通信社提供］

発表されたのは次のような内容だ。

普天間飛行場は今後5〜7年以内に全面返還。

その重要な能力と機能を維持するため、沖縄に現存する基地の中にヘリポートを建設。嘉手納基地に施設を追加、整備し、普天間の一部機能を移転、統合。普天間の空中給油機を岩国基地（山口県）に移し、岩国からは戦闘機ハリアーをアメリカに移す。危機が起きた時、アメリカ軍による施設の緊急使用について両国が共同研究する。

クリントン大統領の来日時には、21世紀に向けた新しい日米同盟関係を語る。

普天間は面積が市域の4分の1を占め、周囲には住宅が密集し、学校もある。

県庁で記者会見した大田は、返還に伴う「移設条件」について問われ、こう語った。

「望ましいのは無条件返還だが、今の情勢の中では実現できない。人命に対してより安全な形で一歩一歩、解決を図るしかない」（13日付朝日新聞）

海兵隊員らの暴行事件、人々の怒りと抗議、代理署名の拒否――。

基地縮小を求めるうねりへの両政府の「回答」が、住宅密集地のど真ん中に位置する普天間飛行場の返還だった。

だが、その時、私たち記者を含め、沖縄で日々その現実に接する、少なからぬ人々が危惧を抱いた。

地元の新聞はそのことを報じている。

「駐日大使は日米同盟関係が今まで以上に重要であると会見で述べている。恐らく普天間返還の見返りとして、これまで以上に日本側の防衛協力を求めてくるだろう。米国が『良き隣人でありたい』というだけの理由で全面返還に応じるほど、甘くはあるまい。私たちは、普天間返還を評価すると同時に、新たな日米軍事協力に対しては警戒もせざるを得ない」（13日付琉球新報社説）

なにより気にかかったのが、県内外の基地への「移転」の問題だった。

「普天間飛行場が現に果たしている能力と機能を維持するとの条件付き返還であることに不安がないわけではない。ヘリポートが新たに建設され、嘉手納飛行場にはヘリコプター部隊が移転する。移転先の嘉手納では騒音問題がさらに深刻化することが懸念されるほか、ヘリポートの移転を含め、基地の統合による新たな問題の発生に対する反発も予想される。岩国にとっても同様だろう」（同

日付沖縄タイムス社説）

那覇支局員だった私は、沖縄を管轄する西部本社の版だけに載った短い解説記事に「移設先の自治体をどう説得するのか、は沖縄県にとっても重い課題だ」（同日付朝日新聞）として、那覇市にあるアメリカ軍基地、那覇軍港の移転問題に言及した。

それよりも前に日米両政府が「県内移設」の条件付きで返還に合意しながら、移設先の浦添《うらそえ》市の同意が得られず、進展が見られないままだった。解説は「知事は政府側からの説得要請に対し、『軍用地を提供しているのは県ではない』として仲介役を断ってきた。今回の合意について、知事は橋本首相からの協力要請を承諾したものの、記者会見では『協力できるものと、厳しいものがある』と述べ、地元の説得については明言しなかった」。

大田の考えは間違ってはいない。だが、その問題はやがて政府と沖縄の関係を冷え込ませることになる。

合意の5日後、東京で日米首脳会談が行われ、橋本と大統領クリントンは日米安保を「再定義」する共同宣言に署名した。

冷戦後も引き続き安保体制の堅持を表明し、極東有事に対する防衛協力のあり方を研究し、「日米防衛協力のための指針」（ガイドライン）を見直すことなどを決めた。

「日米同盟」という言葉が以前にも増して頻繁に使われるようになり、翌年に合意された新ガイドラインにより、国内では周辺事態法などが制定される。

安保強化の大きな流れの中に沖縄はあった。

✥移設「候補地」では

アメリカ軍の飛行場がひとつなくなるが、それに代わる飛行場を沖縄でひとつ建設することになる。

両政府による普天間返還合意は、時を移さず人々に不安と反発を広げた。返還条件にあった機能維持のための「ヘリポート」が、滑走路付きの軍事空港であることは、すぐに明らかになった。当時、アメリカ側が求めたとされる代替基地の規模は、滑走路が長さ1500メートル。敷地面積は300ヘクタールで名古屋空港に匹敵すると報じられた。これには反対の声が上がり、規模についても日米で協議が交わされることになる。

ちなみに現在、政府が名護市辺野古に建設しようとしている新基地の規模は、飛行場面積が陸上部と埋め立て部分で計約205ヘクタール。滑走路はオーバーラン部分を含めて1800メートル。それが2本、「V字形」に配置される。

合意後、はじめに候補地にあがったのが、嘉手納弾薬庫地区の敷地内だった。

嘉手納基地の北側にあり、嘉手納町、読谷村《よみたん》などにまたがる。復帰前は核兵器や毒ガス兵器の貯蔵施設で、1969年の毒ガス漏れ事故はこの基地で起きた。

地元の読谷村長、山内徳信《とくしん》は、アメリカ大統領クリントンと首相の橋本龍太郎に手紙を綴った。

「直訴状」ともいえる手紙はこんな内容だった。

「……普天間飛行場返還合意の記者会見をテレビで見ていて、喜び半分、怒り半分の複雑な心境でした。無条件全面返還ではなく、『機能移設』という条件が付いていたからです。もうこれ以上我々を苦しめないでほしい。いじめないでほしいと思います。アメリカは『普天間』を返還しても基地機能を損なうことなく、古い家（基地）から日本政府が整備してくれる家（基地）に移るという発想であり、沖縄の人々の痛みなど理解しようもないのでしょう……今、沖縄の米軍基地の整理、縮小、返還を進めるに当たって、県民の要求にこたえるという姿勢をとりながら、抜本的な全面返還はせずに県内の基地間でたらい回しにするのは、あまりにも沖縄県民をばかにした策と言わざるを得ません……」（1996年4月30日付朝日新聞）

地元はもちろん、沖縄県も反対し、嘉手納弾薬庫地区でのヘリポート建設案は立ち消えになっていくが、これには私の書いた記事も若干関係はしている。

弾薬庫地区で弾薬類は地下に貯蔵され、地表には森林が広がっている。長年、フェンスに囲まれていた敷地内は自然林に覆われており、琉球大学などの研究者がアメリカ軍の委嘱を受けて自然環境調査を行った。それによれば、敷地内で絶滅のおそれのある15種の希少な動植物が確認され、前年にアメリカ軍に報告書が提出されていた。

関係者からその内容を聞き込み、報じたのが次の記事だ。

「学者らは米軍に対し、生態系に影響する活動を最小限に抑えるよう勧告していた。新たな基地の建設計画に対しては地元が強く反発しているが、自然保護の観点からも開発を断念するよう求める声が表面化したことで、代替基地の適地探しはさらに難航しそうだ」（96年5月23日付朝日新聞）

この記事を読み返しながら、小さな島の中で新しい軍事基地を建設することがいかに途方もなく困難なことであるか、改めて考えざるを得ない。

普天間飛行場にある海兵隊のヘリコプター部隊を、空軍の嘉手納基地に統合する案も有力視されたが、反発は大きかった。

嘉手納基地は復帰前から数々の事故を起こし、反基地運動の最大の対象でもある。これ以上の重荷は認められない。地元の沖縄市と嘉手納、北谷《ちゃたん》両町の3首長はこぞって反対の声を上げた。

96年9月、首相の橋本は沖縄を訪問し、代わりの基地について「撤去可能な海上ヘリポート」の建設を検討すると表明する。陸地から離して負担を減らそうという発想だが、海を破壊することになり、候補地選定は難航した。

「辺野古」が浮上したのは、その年の11月だった。

❖辺野古の海

沖縄本島の北部、名護市東岸にある辺野古崎は、アメリカ海兵隊の基地キャンプ・シュワブの敷地内にある。

サンゴ礁に囲まれた海には「イノー」と呼ばれる浅瀬が広がり、地元の家々では、とれたての海

埋め立てによる新基地建設が計画される名護市辺野古のキャンプ・シュワブ
［目崎茂和さん撮影］

の幸が食卓をにぎわせてきたという。

96年11月、沖縄を視察した防衛庁長官、久間《きゅうま》章生《ふみお》は、普天間飛行場に代わる海上ヘリポートの建設候補地としてシュワブ沖が有力、と記者団に発言した。辺野古は移設の焦点となった。

名護市長、比嘉鉄也《ひがてつや》は言った。

「本島北部地域の振興策が示されないまま、ヘリポート案だけを受け入れるわけにはいかない」（11月17日付朝日新聞）

反対しつつも、振興策を条件に受け入れの可能性を示唆する。

それには経緯があった。当時、防衛施設庁の出先機関、那覇防衛施設局の局長だった嶋口武彦はそれ以前から辺野古を候補地に考え、密かに名護市側と接触していた。その理由をこう語る。

中南部に比べて人口が少なく、中部に多く居住するアメリカ軍関係者にとっては通勤圏内に入る。海上であれば、騒音も危険も少なくなる——。

シュワブ沖は、復帰前の60年代、アメリカ軍が大規模な飛行場などの建設を構想した場所でもあった。

代替基地の建設に平行して、北部の経済的な振興策に対する国の援助について具体的な話し合いが行われる。

翌97年4月、比嘉は建設計画のための現地調査の受け入れを表明した。市の動きに対して反対の声は高まった。地元の人々は基地受け入れの是非を問う市民投票の実施を求めて署名活動を始め、9月、有権者の4割を超える署名とともに市民投票条例の制定を直接請求した。

市民投票の実施に比嘉は前向きだった。ただし、選択肢を「賛成」「反対」に加え、「環境対策や経済効果が期待できるので賛成」「できないので反対」の四者択一とする意見書を議会に提出した。その時、官房長官の梶山静六《かじやませいろく》は、比嘉に実施を見送るよう伝えたという。

12月21日の投開票で、「反対」は全有権者の4割を超え、条件付きを合わせた「賛成」を上回った。3日後、比嘉は首相の橋本龍太郎と面会し、結果とは逆に移設受け入れを表明し、同時に市長を辞職する考えを明らかにする。

比嘉は振り返って語る。

「政府による支援の義理に背くことはできない」

基地建設受け入れを表明した市長が辞任したことで、翌98年2月、名護市長選が行われた。普天間飛行場に代わる新たな基地を、市東岸の辺野古に建設することを市民はどう考えるのか。それが焦点だった。

投票日の直前、県知事の大田昌秀は辺野古への移設反対を正式に表明した。そのころから大田県政と橋本政権との関係は冷え込んでいく。

だが当選したのは、反対を主張する候補ではなく、基地建設賛成派が擁立した前助役の岸本建男《たてお》。市民投票の結果とは逆だった。

そしてその年の11月、県知事選の投開票日。

復帰後最大の激動期、憲法の精神を掲げて県政を担った大田は落選。条件付きながら新基地容認を主張した、県経営者協会特別顧問の稲嶺恵一《いなみねけいいち》が初当選する。

振り返って考えれば、沖縄と本土の意識の「隔たり」が広がり始めたのは、そのころからかも知れない。

言うまでもないが、沖縄のすべての人が基地に反対しているわけではない。基地による様々な恩恵を得ようと願う人も少なくはない。その「わかりにくさ」が長年にわたって基地を抱えてきた現実でもある。それゆえにヤマト側の一部にとって都合のよい解釈も成り立ち得る。

しかし、問題の本質は、沖縄で基地建設に賛成、反対、どっちが多いかということではない。日本国内にどれだけのアメリカ軍基地が必要なのか、必要でないのか。それこそが日本人全体が問われている問題であり、沖縄での賛否にすり替えることではない。

✣沖縄バッシング

少しだけ時間を戻す。

大田の「代理署名拒否」、そして沖縄県収用委員会が軍用地使用の内容に踏み込んで丁寧に審理を続けたことにより、アメリカ軍基地用地の強制使用手続きは長引いた。1997年5月には、「象の檻」で起きたように沖縄各地の基地が「不法占拠」となる可能性があり、それを避けるため、政府は「駐留軍用地特別措置法」の改正案を国会に提出した。

使用期限が切れる前に県収用委員会の裁決が得られなかったり、却下されたりした場合でも「暫《ざん》定《てい》使用」という形で使用継続を認めるという法案で、収用委の審理は実質的に形骸化される。97年4月17日、与党の社会民主党は反対し、野党の新進党などが賛成するという「ねじれ」の中で可決、成立した。

これにより、「代理署名拒否」という捨て身の手法による大田の問いかけは、その力を剥奪《はくだつ》された。これは4月9日、改正案を審議していた衆議院の特別委員会でのことだった。

「九九％のシェアを持つ二つの新聞によって、それも反戦地主になっている幹部のもとにある新聞社が発行する新聞によって沖縄の心がマインドコントロールされておるんだ、そして言論が封殺

されておるんだということになるわけです」（特別委会議録）

発言者は新進党議員、西村眞悟《しんご》。沖縄タイムス、琉球新報の報道を公然と批判するものだった。その会議で、参考人として発言した大学教授は、両社の幹部が「一坪反戦地主」に名を連ねているとして報道の「公正さ」を問題にした。

「一坪反戦地主」は、沖縄で基地への提供を拒否する反戦地主の土地を分割して所有し、地主の抵抗運動を支える人々だ。その活動は80年代に広がりを見せ、一坪地主に名を連ねる人は県外にもいる。

国会での発言を知った琉球新報の編集局長、三木 健《たけし》は考えた。

黙っていてはならない――。

彼自身も「一坪反戦地主」だった。

97年5月3日。日本国憲法の施行から50年のその日、琉球新報の1面に掲載された三木のコラムは「県民世論とともに歩む」と題して、国会や本土の新聞からの沖縄の新聞に対する「偏向報道」批判に反論した。

冒頭の段落で「沖縄がこの憲法の適用下に入ったのは、一九七二年五月の日本復帰以降のことであるから、沖縄が憲法の下に置かれるようになってから、二十五年の歳月しかたっていない」。

憲法で保障された言論、出版、表現の自由を挙げ、「基本的人権をあらためてかみしめ、これからの報道に気を引き締めていきたいと思う」と記す。

国会での「マインドコントロール」発言に続いて産経新聞は、軍用地の強制使用手続きを変更する法改正の問題で琉球新報と沖縄タイムスの報道が、反対意見に傾いているという趣旨の批判記事を1面トップで載せていた。

三木はこう書く。

「こうした一連の地元紙に対する批判は、沖縄の戦中、戦後の歴史、そして基地問題のよってきたるところを理解しようとせず、半世紀にわたる県民の基地重圧の苦しみを何ら解決しようという姿勢すら見られない。批判は自由である。新聞とてそのらち外にはない。しかし、沖縄の基地問題の背後にあるものを見ず、耳を傾けることもなく、地元紙を批判するその報道姿勢をこそ、私たちは問いたいのである」

続く文章に思いを込めた。

「この情報化時代にあって、一、二の新聞によって『マインドコントロール』されるほど、沖縄県民は愚かではない。もしコントロールされているというのであれば、これほど県民を愚弄《ぐろう》し、侮辱《ぶじょく》するものはない。県民の声に背を向けてコントロールしようなどといった思い上がった新聞なら、すでに県民読者によって葬り去られていよう。県民の声を支えとし、その権利や利益を守ることが偏向だというのなら、私たちはその批判を甘んじて受けよう」

「一坪反戦地主」に加わったのは、基地の重圧にあえぐ故郷への思いからだ。それは沖縄の抱える問題を報じるうえで、多くの記者たちが共有することであり、「公正さ」とは別の問題だ。それ以上に沖縄の民度を貶《おとし》めるような発言は許せなかった。

三木がコラムで取り上げた産経新聞の記事の見出しは、沖縄の両紙の記事を指して「客観性に疑問の声」とある。それが新聞記者の発想なのだとしたら、悲しいと言うほかはない。報道の「客観性」とは何か。巨大な政治の力を前に、市井《しせい》の人々の賛否を並列して掲載することが「客観的」ではないし、ジャーナリズムの使命でもない。もっとも、その手の「客観報道」は、本土紙はどこも似たり寄ったりだが。

三木はその32年前、復帰前の沖縄で初めて憲法記念日が制定された1965年、入社したての25歳で特集記事の1ページを任され、占領下で考えた憲法の意味を綴った。沖縄の記者として憲法との関わりは深かった、と改めて考えている。

基地問題が混迷を深めたとき、本土からの非難の矛先はまず沖縄の新聞に向かう。それは今も続いている。

1面コラムでの反論から20年近くがたち、時代の状況はさらに悪化を続ける。今、70代になった三木はそう思う。

✣「逆格差論」の未来図

1999年12月、普天間飛行場の名護市辺野古への移設について、市長、岸本建男は容認を表明する。

だが市民をはじめ県内の反対運動は根強く、岸本も基地としての使用期限を区切るなどの条件を掲げ、在任中、ついに辺野古移設の進展はないまま、２００６年に亡くなる。

彼もまた「一坪反戦地主」だった。

基地建設賛成派に擁立された「保守派」の市長ではあったが、かつて名護市が革新市政だったときの市長、渡具知《とぐち》裕徳《ゆうとく》が信頼していた腹心の部下だった。早稲田大学を出て市職員となり、手がけたのが市の総合計画づくりだった。それには岸本の思いが込められているといわれる。

移設容認を表明する岸本建男・名護市長［1999年12月27日、名護市民会館 琉球新報社提供］

高度経済成長の日本に復帰した沖縄では、低い所得や経済的な遅れに引け目を感じ、「格差是正」が叫ばれていた頃だった。

１９７３年に発表された「名護市総合計画・基本構想」は、市長名で書かれた「はじめに」で冒頭から引き込まれる。

「現代は地域計画が本質的に問われている時代である。我々が自然の摂理を無視し、自らの生産主義に全てを従属させるようになった幾年月の結論は、今自然界からの熾烈《しれつ》な報復となって現われ、人間は生存の基盤そのものさえ失なおうとしている」

そして「目先のはでな開発を優先するのではなく、市民独自の創意と努力によって、将来にわたって誇りうる、快適なまちづくりを成しとげなければならない」。

時代の風潮に抗《あらが》うように、こう謳《うた》いあげた。

「従来、この種の計画は経済開発を主とする傾向が強く、とくに長期におよぶ、米軍統治と本土からの隔絶状況におかれていた沖縄においては、『経済大国』への幻想と羨望が底流にあったのであるが、いわゆる経済格差という単純な価値基準の延長上に展開される開発の図式から、本市が学ぶべきものはすでになにもない」

名護市を含む本島北部は「山原《やんばる》」と呼ばれ、自然豊かな地だ。公害問題が本土では深刻になっていたが、沖縄には数字でははかれない豊かな生活がある。「列島改造ブーム」が本土を覆っていた時代、名護市の「基本構想」は開発優先への疑問を示し、その第一章で基地の問題についてこう記している。

「基地が存在することによる現実的諸条件（問題）は、決して将来の計画条件とはなり得ない。反対に、その条件をはっきりと否定し、未来に向かって新しい条件を設定すること（価値の転換といってもよい）が、まず第一に求められる手続きであろう。問題は、単に経済的水準が低いとか住宅が不足しているとか、道路整備が遅れているとかいった単純素朴なものでは決してないのである」

基地によって得られる経済的恩恵にすがりつくべきではない――。所得格差論に対抗し、「逆格差論」と呼ばれたこの論理は当時、反響を呼び、注目された。

岸本は若手の市職員らと「地域自治研究会」というグループを旗揚げし、県産木を使った地場産業を興そうと、割り箸工場の建設を買って出て、勤務の後にみなで現場に駆けつけ、スコップをふるったりもした。

だが、１９８６年の市長選で渡具知は落選。埋め立てによる臨海事業を掲げた比嘉鉄也が当選した。当時を知る関係者によると、選挙後、岸本は埋め立て事業には強く反対していたという。

やがて名護はゴルフ場やリゾート開発に傾き、公共工事で土建業界が栄える。岸本は有能な行政マンとして助役になり、辺野古移設が浮上してからは振興策とからめた移設受け入れの動きに関わっていく。98年2月、市長選で当選。翌99年12月、辺野古移設受け入れを表明した。

年が明け、２０００年2月半ばだった。私は97年に東京本社に転勤していたが、激動の続く沖縄にたびたび来ていた。この年の夏には名護市で先進国首脳会議（サミット）が開催されることが決まっており、それに向けて沖縄で取材を続けていた。

夜、私は名護市の岸本の自宅を訪ねた。

「基本構想」を読み込み、様々なことを考え、関わった人々に話を聞き、疑問点をまとめ、そのうえで本人に手紙を綴って取材を申し入れたが、役所を通じて断りの返事が来た。だから、帰宅を待ち構えて話を聞くことにした。岸本宅は自らが埋め立てに反対した海のそばにある。移設受け入れ表明の後で、周りは警察官が警戒に当たっていた。

南国もこの季節は肌寒い。

家の前で待っていると、1時間ほどで岸本は帰ってきた。庭先の椅子に座り、しばし語り合った。

「君はいくつだ」

「39です」

「……若いな」

この時、彼は56歳。

「基本構想」の話をすると少し表情を和ませた。「読んだか……」

私は尋ねた。

「『逆格差論』を今、どうお考えですか」

間を置かず答えが返ってきた。

「正しいと思う」

移設受け入れ表明について質問した。

「『基本構想』は基地による繁栄を否定しているのではないですか?」

憤然としたように顔を上げた。

「俺は基地を移すって言ってるんだ。基地によって繁栄しようなんて言ってない」

名護市の移設受け入れによって国は北部地域に向こう10年間で1000億円の経済振興策を約束

していた。

「それは国が決めたことだ。俺が決めたことではない」

基地の重圧、経済振興策、普天間…。短時間で語り尽くせる話ではなかった。

かみ締めるように言った。

「危険な基地をどうするか、という出発点を見誤るな。それは誰が解決するのか？」

「本来、国がやるべきです」

「名護市がそれを引き受けたのは、君は不満か？　ほかの選択肢があるなら、そこに持って行きなさい」

ウチナーンチュ（沖縄の人）である岸本と、ヤマトンチュ（本土の人）である私の短い対話の中に、日本という国が抱える病理が映し出されていたようにも思う。彼は何かを問いかけたかったのかも知れない。本当の意味の選択肢など、政府ははじめから沖縄に与えてはいなかったのだ。

別れ際、私が送った手紙のことを、「字はもう少し練習しとけよ」と笑いながら言った。

若き日、のびやかで豊かな名護の未来図を思い描きながら、基地建設と経済振興策を突きつける政府に向き合い、苦悩を重ね、その６年後に亡くなる。基地としての使用期限を区切るなどの条件を掲げ続けていた。

後任の市長、島袋《しまぶくろ》吉和《よしかず》は２００６年４月、集落上空の飛行を避けるため滑走路を「Ｖ字形」に２本つくる案で政府と合意した。

だが、4年後の選挙で島袋は敗れ、移設反対を訴えた稲嶺《いなみね》進が初当選を果たした。県知事は稲嶺恵一の後、仲井真弘多《なかいまひろかず》が継いだ。その時代、首相の鳩山由紀夫は移設先について「最低でも県外」と表明したものの、あえなく撤回した。仲井真は2013年12月、基地のための辺野古の埋め立て申請を承認。県民からは激しい批判があがり、翌年の選挙で、辺野古の基地建設に反対する翁長雄志《おながたけし》に敗れた。

翁長は、かつて大田昌秀が知事の時代、自民党の県議として大田県政を厳しく非難していた。沖縄保守政界のエースだった。

沖縄の政治家が基地問題にどう向き合うか。それは本土の政治家のように「保守・革新」という立ち位置の基準だけでは、計りきれないように思う。それを計る物差しは、「郷土愛」かも知れないし、あるいは別の何かかも知れない。

いずれにしても、基地を認めるか、拒否するか、は一人ひとりのウチナーンチュにとって政治の世界の問題ではなく、自身の人生感や生き方の選択に関わる事柄であることは疑いようがない。

✣海兵隊駐留を問う

記者という立場で沖縄にあることは、時代を超えて、煩悶《はんもん》と切なさを抱えるものだと思う。地元で生まれ育った記者はもちろん、ヤマトから来た記者にもそれは通底するし、過酷な境遇に置かれた地で目の前の現実を言葉にしようと必死にならざるを得ない。記者たちにとっての沖縄は、そういう場所だ。

移設をめぐり、多くの沖縄県民、政治家が苦悩を重ねてきた。アメリカ軍基地の過度の密集がもたらすさまざまな被害が沖縄には存在するが、一方で「リベラル」層も含めて日本人の多くが日米安保体制を容認している現実がある。

しかし、たとえ安保を容認したとしても、なぜ海兵隊は沖縄に駐留し、専用の飛行場まで必要なのか。振り返れば、その議論は十分ではなかった。

沖縄タイムスの記者、屋良朝博《やらともひろ》がそのことに疑問を持ち始めたのは、少女暴行事件が起きた1995年だった。そもそも海兵隊というものがどのような機能を持ち、日ごろどんな行動をしているのか、よくわからない。沖縄県政と基地問題を担当し、フィリピン大学卒の英語力を駆使して基地の現状を探ろうとした。

96年元日付の沖縄タイムスは1面トップで「21世紀へ　めざす脱基地」と見出しを立て、沖縄県が提示した「基地返還アクションプログラム」の内容を分析、解説した。「アクションプログラム」は、大田昌秀の県政時代、向こう20年をかけて段階的に沖縄のすべてのアメリカ軍基地を撤去しようという構想だ。

そして2、3面で屋良は沖縄駐留の海兵隊を分析した。

見出しにインパクトを込めた。

「海兵隊よ　さようなら」

当時、沖縄海兵隊の「撤退論」が有識者の間にあり、駐留部隊の規模や能力の観点から軍内部でもそのような意見が出ていた。海兵隊の移動には強襲揚陸艦が必要だが、それらは沖縄ではなく長崎県の佐世保基地にある。即応能力の面からも沖縄駐留の意味そのものに疑問を投げかけた。

２００４年には第31海兵遠征部隊（ＭＥＵ）など沖縄の中核部隊がイラク・ファルージャの掃討作戦に投入された。島内の兵力は減り、「抑止力」といわれる駐留の意味が問われた。よく語られる海兵隊の抑止力とは「幻想」ではないのか。

屋良は嘉手納基地を抱える中部・北谷町の出身。自宅の前にはフェンスがあり、父は軍で働いていた。「基地」は生活の一部だった。

２０１２年にタイムスを退社した。ジャーナリストとして海兵隊の取材を続け、文献を読みあさり、駐留の検証を続けている。

海兵隊は沖縄に常駐しなくても、東アジアで活動することは可能なはずだ。そう考えながら、若い研究者らとともに、沖縄駐留に至る歴史から解明しようと試み、２０１６年、『沖縄と海兵隊』（旬報社）という一冊の本にまとめた。

日米安保を解消せずとも、海兵隊の沖縄駐留を見直すならば、少なくとも辺野古での基地建設をせずに普天間飛行場はなくせるかも知れない。

基地に賛成か、反対か、という二項対立ではなく、基地がある意味そのものを読み解き、歩むべき道を開くことに挑戦しようとしている。

沖縄にいたころ、よく泡盛を飲んでは議論する記者仲間であった。本を出す少し前、久々に再会した。彼はあのころを振り返ってこう言った。

「少女暴行事件で人生が変わった」

かつて沖縄と関わりを持った人々が、基地建設をめぐる今の姿に、再び心を揺さぶられている。もう一人、記者の話を記しておきたい。

２０１５年秋から翌年にかけて、ある元新聞記者が沖縄を訪れた。１９６９年の朝日新聞の連載「沖縄報告」の取材班の一人、辰濃《たつの》和男だ。編集委員などを務め、今は80代半ばである。那覇で会ったとき、病気をしたこともあって足が自在には動かず、歩みはゆるやかだ。取材で沖縄を訪問するのは久しぶりだという。滞在中、古くから交流のある知人や沖縄タイムスの元記者、國吉永啓《くによしながひろ》と大山哲《てつ》が車を出して遠方への道行きを支えた。

新基地の予定地、名護市辺野古で建設反対を訴える人にも話を聞いた。

「沖縄の多くの人に、本土から差別を受けているという思いがある。今回の旅ではそれを一番感じた」と語った。

初めて取材に来たのは半世紀前。

沖縄が変わりつつある、と辰濃は言う。

復帰の前後、沖縄のことを朝日新聞の連載記事で何度も書いた。『りゅうきゅうねしあ　沖縄・こころの旅』の著書もある。しかし今もなお沖縄の本当の姿はヤマトには伝えられていないと感じている。

不自由をおして沖縄を取材して回る姿は、記者の執念そのものだった。

✣元外相の思い

2015年11月、那覇市で河野洋平の講演会が開催された。主催したのは琉球新報社などだった。アメリカ海兵隊員による暴行事件が起きた95年、自民、社会、新党さきがけによる村山富市政権の外務大臣として日米交渉に対応した。

アメリカ軍関係者について日本側の身柄拘束を制約する日米地位協定の問題をめぐり、沖縄から強く批判され、その時は、二度と行けないと思うほどだったが、その後、何度も沖縄を訪れ、今も関わりを持っている。

講演で、基地建設を進める政府を、地方自治や民主主義の観点から批判した。

今、辺野古に基地をつくれば、やがては戦後100年、外国の軍隊の基地を抱え続けることになりかねない。そのような安全保障のあり方が正しいだろうか。

では、平和のため沖縄で何ができるか。

河野が、2016年に日本で開催予定の日中韓首脳会談を沖縄で、と提案すると、会場にひときわ大きな拍手が広がった。

憲法9条と日米安保条約。戦後日本の安全保障政策はその両端の間を、時の政権の考えで行き来してきた――。

日米外交を担った河野の見方だ。

そこに存在する矛盾に、私たちはどう向き合うべきか。沖縄はずっとそのことを問いかけている。

✣そして辺野古

強い日差しがアスファルトの路面に照りつける。伸縮式の仮設ゲートやネットが幾重にも置かれ、制服姿の警備員が立ち並ぶゲートの前は、次第に緊迫が高まっていた。

２０１５年夏、沖縄県名護市辺野古。

午前6時半。アメリカ軍キャンプ・シュワブの中で進められる、新基地建設に抗議する人々は、ゲート前で座り込みの準備を始めた。入門する資材搬送トラックの進路をふさぐためだ。「新基地反対」「ＳＴＯＰ　埋め立て」のプラカードを手にするのは、高齢の人々も多い。

7時前、道の向こうに50人ほどの沖縄県警の警官隊が姿を現す。座り込む人々を取り囲み、「規制開始」のかけ声で一斉に人々の手足を抱え上げ、排除を始めた。双方の大声が飛び交う。「脚をもて、脚を！」「手を離せ！」

約15分間。激しいもみ合いの末、道の脇へのけられ、トラックの車列がゆっくりとゲートに入っていく。工事が行われている間、連日、この場所で同じ光景が繰り返されていた。

「海を破壊して眠れるのか。工事をやめなさい」

糸数隆《いとかずたかし》は、基地に向かって拡声機で声を上げた。

沖縄が日本に復帰する2年前の1970年、沖縄タイムス社に入社し、復帰後は県道104号越え実弾砲撃演習に反対する「喜瀬武原《きせんばる》闘争」で逮捕され、法廷で憲法の理念と沖縄の現実の隔たりを述べた。

今は60代。すでにタイムスを退職し、週に数日は辺野古にやって来ている。

警官隊との対峙《たいじ》の後、木陰で静かに語った。

「憲法のもとへ帰る。それが復帰への願いだった」

糸数にとって、この場に立ち会うことは「人生の総仕上げ」のようにも感じられるという。

15年秋、私は大山哲、國吉永啓の2人とともに辺野古を訪れた。

大山は言う。

「日本に復帰して43年。沖縄でこれほどの市民運動が再び盛り上がるとは」

同社で長年、軍事記者だった國吉は、復帰前にこのすぐ近くで取材中、アメリカ兵にカメラのフィルムを抜き取られたことを話してくれた。

時折、2人はここへ足を運ぶという。

新聞記者として激動の沖縄を見続けてきた彼らにとって、「辺野古」の風景は、戦後70年の現実そのものである。

政府は2015年8月から沖縄県との協議のため、作業を1カ月間中断したが、9月に再開した。

アメリカ軍キャンプ・シュワブのゲート前。新基地建設に反対の声を上げる人々を警察官が取り囲む［2016 年１月］

埋め立て工事をめぐって国と沖縄県の裁判に発展したが、裁判所の勧告により２０１６年３月にいったん和解が成立し、工事はとりあえず中止された。

６月、辺野古ではつかの間の静寂の中、基地建設に反対する人々が朝から集まり、雨に降られながら集会を行っていた。工事期間中、連日のように繰り返されていた警察との衝突は見られないが、新基地建設という問題は何も決着していない。

それだけではない。アメリカ軍属の元海兵隊員が、20歳の女性を殺害した容疑で逮捕され、沖縄じゅうが新たな怒りに包まれている。

なぜ、この地に新たな基地を建設するのか。沖縄をちからずくでねじ伏せることが、そもそもの目的ではなかった。答えの見えない問いかけを続けていくほかに道はないのだろうか。

✣憲法と安保

日本では日米安保条約が憲法よりも上位にある――。

沖縄で取材を続けながら、何度もその言葉を聞く。

安保、それに関わる日米合意、地位協定、刑事特別法などの制度はいずれも憲法9条の圏外にある。

1995年、海兵隊員らによる少女暴行事件の直後、県知事、大田昌秀は軍用地の強制使用に必要な手続きを拒否し、アメリカ軍基地を「不法占拠」に追い込んだ。当時、那覇支局員だった私は、これによって日本は変わるはず、と考えた。

だが、法改正で沖縄の抵抗はいともたやすく封じられ、日本は変わらなかった。

公開された外交記録によれば、返還交渉の時から、基地は存続することを前提に日米間で協議が行われた。当時からヤマトの新聞は「抑止力」といわれる基地の存在を十分には検証しなかった。

日米安保条約、そして海兵隊を含めた沖縄のアメリカ軍が日本周辺の安全に寄与しているという通念を多くの日本人が抱く背景には、そうした本土での報道も関係している。

暴行事件が起きた時、沖縄への同情が本土で広がったものの、理解は深まらず、やがてバッシングが現れた。そうしたヤマトのマスコミ報道の背後には、基地縮小のために「安保」の内実へ踏み込むことへの恐れがあるように思えてならない。本土マスコミの一員として、そのことに向き合う責務は私も負っている。

返還交渉時の「核再持ち込み」密約を公にした若泉敬《わかいずみけい》は、晩年、暴行事件などの基地問題を気にかけていたという。

著書『他策ナカリシヲ信ゼムト欲ス』の「跋《ばつ》」で、戦後日本についてこう書いている。

「ここで敢えて私の一片の赤心を吐露させて頂くならば、敗戦後半世紀間の日本は『戦後復興』の名の下にひたすら物質金銭万能主義に走り、その結果、変わることなき鎖国心理の中でいわば〝愚者の楽園《フールズ・パラダイス》〟と化し、精神的、道義的、文化的に〝根無し草〟に堕してしまったのではないだろうか」

取材をしながら、復帰前の沖縄を知る少なからぬ人々が、今も憲法の価値に希望を抱いていることに改めて気づかされた。9条から「疎外」されながら、というかそれ故にその価値を痛感していることが強く感じられる。

世界が「テロとの戦争」に直面する時代にあって、日本が9条のもとで築いてきた「平和ブランド」がこれまで以上に輝きを増しているのも事実だ。

憲法が揺らぐなか、沖縄への強圧はかつてなく高まっているが、本土から眼差しを向ける人は少ない。今、その叫びに耳をすますことはもちろん大切だ。しかし、それ以上に必要なのは、ヤマト（本土）に住む私たちが目を背けずに自らの内にある「恐れ」に向き合い、この国とアジアの安全に何が本当に必要なのか、議論を深めることではないか。

沖縄から、そのことをもう一度考えることはできるはずだ。

✣沖縄戦後史＝略年表

✣1945年
3月 アメリカ軍、慶良間諸島に上陸
6月 沖縄の日本軍が壊滅し、組織的抵抗終結
✣1946年
4月 沖縄民政府発足。ひめゆりの塔建立
✣1947年
7月 沖縄人民党結成
✣1948年
7月 軍票「B円」が唯一の通貨に
✣1949年
5月 アメリカ、沖縄の長期保有の方針を決定
✣1950年
6月 朝鮮戦争勃発
12月 琉球列島米国民政府（USCAR）発足
✣1951年
9月 サンフランシスコ講和条約に調印
✣1952年
3月 第1回立法院議員選挙
4月 琉球政府発足。行政主席は米国民政府が任命
4月 サンフランシスコ講和条約発効。日米安保条約、日米行政協定発効
✣1953年
4月 米国民政府、「土地収用令」を公布。土地の強制接収始まる
12月 アメリカ、奄美群島を日本に返還
✣1954年
1月 アイゼンハワー大統領、沖縄の無期限保有を宣言
4月 立法院、軍用地料の一括払い反対など「土地を守る四原則」を決議
10月 米国民政府による人民党弾圧事件。瀬長亀次郎委員長らが逮捕される
✣1955年
9月 石川市で由美子ちゃん事件（アメリカ兵の幼女暴行殺人事件）が起きる
✣1956年
6月 アメリカ下院プライス調査団、地料一括払いなどを盛り込んだ報告書を発表（プライス勧告）
7月 「四原則貫徹県民大会」に15万人が参加。「島ぐるみ闘争」が本格化
12月 瀬長亀次郎氏、那覇市長に当選

✤沖縄戦後史＝略年表

✤1957年

6月 アイゼンハワー大統領、「琉球列島の管理に関する行政命令」発表。高等弁務官制実施

✤1958年

9月「B円」からドルに通貨交換

✤1959年

6月 石川市の宮森小学校にアメリカ軍ジェット機が墜落。児童ら17人が犠牲に

12月 金武村でアメリカ兵が農家の主婦をイノシシと間違えて射殺

✤1960年

4月「沖縄県祖国復帰協議会」結成

6月 新日米安保条約発効

✤1963年

2月 信号無視のアメリカ軍トラックにはねられ、中学生が死亡（国場君事件）

3月 キャラウェイ高等弁務官、「自治神話論」を演説

✤1965年

2月 アメリカ、北ベトナムへの爆撃（北爆）を開始

3月 アメリカ海兵隊本隊、ダナン上陸

5月 沖縄で初の憲法記念日

8月 佐藤栄作首相が沖縄を訪問

✤1966年

8月 森清・総理府総務長官、沖縄の「教育権返還」構想を提起

✤1967年

2月「教公二法」阻止闘争で立法院を2万人がとり囲み、廃案に

✤1968年

4月 全軍労、事実上の全面ストライキに突入

6月 小笠原諸島が日本に復帰

11月 初の主席公選で屋良朝苗氏が当選

11月 嘉手納基地で戦略爆撃機B52が墜落爆発

✤1969年

2月「2・4ゼネスト」回避となる

7月 沖縄の基地内で毒ガス漏れ事故が発生。化学兵器の貯蔵が明らかに

11月 佐藤・ニクソン両首脳が「沖縄の72年返還」に合意

✤1970年

11月 戦後初の国政参加選挙

12月 コザ暴動が起きる

✤1971年

1月 第1次毒ガス移送で住民5千人が避難。

6月 沖縄返還協定調印

7月 第2次毒ガス移送開始（9月9日完了）

✤1972年

4月 日本政府、沖縄へ自衛隊配備計画を決定

5月 施政権返還。通貨切替（ドルから円へ）

6月 初の県知事選で屋良朝苗氏当選

✤1975年

4月 ベトナム戦争終結

7月 皇太子御夫妻、ひめゆりの塔で火炎瓶を投げられる
沖縄海洋博開会

✤1977年

5月 公用地暫定使用法が期限切れ

✤1978年

7月 自動車の対面交通を右側通行から左側通行に変更
(ナナサンマル)。各地で事故が発生

12月 県知事選で西銘順治氏が当選。革新県政に幕

✤1982年

2月 嘉手納爆音訴訟で周辺住民が国を提訴。

7月 高校歴史教科書で沖縄戦における日本軍の住民虐
殺の記述が削除されたことが明らかに

12月 反戦地主を支援する「一坪反戦地主会」が発足

✤1985年

1月 国籍法改正で無国籍児の救済がはかられる

✤1986年

2月「日の丸・君が代」の教育現場への押し付けに反対
する県民総決起大会開催

✤1987年

6月 嘉手納基地を「人間の鎖」で包囲、主催者発表で
2万5千が参加

✤1990年

6月 沖縄全戦没者追悼式に歴代首相として初めて海部
首相が出席

11月 大田昌秀氏が県知事選で当選。12年ぶりの革新県政

✤1991年

1月 アメリカ軍を主体とする多国籍軍がイラク空爆を
開始。湾岸戦争始まる

✤1994年

4月 アメリカ軍のF15戦闘機が嘉手納弾薬庫地区の黙
認耕作地に墜落炎上
CH46輸送ヘリが普天間飛行場滑走路に墜落

✤1995年

6月 摩文仁の平和祈念公園に「平和の礎」建立

9月 アメリカ兵3人による少女暴行事件が起きる
大田知事、軍用地強制使用のための代理署名拒否
を表明

10月 少女暴行事件に抗議し、基地縮小を求める県民総
決起大会が開催される

11月「基地・軍隊をゆるさない行動する女たちの会」発足

12月 村山首相、代理署名拒否で大田知事を提訴

✤1996年

1月 沖縄県、段階的に基地をなくす「基地返還アクショ
ンプログラム」を発表

4月 橋本首相とモンデール駐日米大使、普天間飛行場

返還合意を発表
9月 基地の整理縮小と地位協定の見直しを問う県民投票実施。賛成が多数を占める
11月 普天間飛行場の移設候補地に名護市辺野古沖が浮上
12月 沖縄特別行動委員会（ＳＡＣＯ）最終報告を発表
✣1997年
12月 基地建設受け入れの是非を問う名護市民投票実施。「反対」が多数
✣1998年
11月 県知事選で稲嶺恵一氏が当選
✣1999年
12月 名護市、普天間飛行場代替施設の辺野古沿岸域への受け入れを表明
✣2000年
4月 新沖縄県立平和祈念資料館が開館
✣2001年
9月 アメリカで同時多発テロが起きる。沖縄の米軍基地は厳戒態勢になり、観光客は激減
✣2003年
3月 アメリカがイラク攻撃を開始（イラク戦争）
✣2004年
4月 基地建設に反対する市民らの辺野古での座り込みが始まる
8月 アメリカ軍のヘリコプターが沖縄国際大学に墜落、炎上
9月 那覇防衛施設局が辺野古沖でボーリング調査に着手
✣2005年
8月 元指揮官、遺族が沖縄戦の「集団自決」をめぐり、作家の大江健三郎氏、岩波書店を大阪地裁に提訴
9月 市民らの反対行動で辺野古沖のボーリング調査のやぐら撤去
10月 米軍再編の中間報告発表
✣2006年
5月 辺野古新基地の滑走路をV字型に2本建設する案で日米合意
11月 県知事選で仲井真弘多氏が当選
✣2007年
7月 東村高江で、アメリカ軍北部訓練場でのヘリコプター着陸帯（ヘリパッド）建設に反対する座り込みが始まる
9月 「集団自決」強制の記述をめぐり、「教科書検定意見撤回を求める県民大会」開催
✣2009年
8月 衆院選沖縄全選挙区で自民候補者落選。「普天間は国外、最低でも県外（移設）」を掲げた民主党を中心とする連立政権発足
✣2010年
1月 名護市長選で県内移設に反対する稲嶺進氏が当選

4月「米軍普天間飛行場の早期閉鎖・返還と県内移設に反対し、国外・県外移設を求める県民大会」開催
5月 鳩山首相、普天間「移設」先の辺野古回帰を表明、6月に辞任
11月 県知事選で仲井真弘多知事再選

✤2012年

10月 オスプレイ12機を普天間飛行場に配備
12月 総選挙で自民党が圧勝して政権を奪還

✤2013年

1月 沖縄の41全市町村の首長と議長、県会議長らが基地負担の軽減を求める「建白書」をたずさえて上京
4月 政府による「4・28主権回復を祝う式典」に対抗して、「4・28政府式典に抗議する『屈辱の日』沖縄大会」開催
8月 オスプレイ、普天間飛行場に追加配備
11月 沖縄選出の自民党国会議員「県外移設」の公約を撤回して「県内移設」を容認
12月 仲井真知事、県外移設公約を破棄して辺野古埋め立て申請を承認

✤2014年

1月 名護市長選で稲嶺進市長再選
8月 沖縄防衛局が10年ぶりに辺野古海底ボーリング調査再開
11月 県知事選で県内移設反対を掲げた翁長雄志氏が仲井真氏を破る
12月 衆院選沖縄選挙区の全4区で辺野古容認の自民党候補が落選

✤2015年

8月 国と沖縄県が集中協議。辺野古の工事は一時中断
10月 翁長知事、埋め立て承認を取り消し
11月 国が沖縄県を提訴

✤2016年

3月 国と県の和解が成立。工事はいったん中止
5月 うるま市の女性が遺体で発見され、元アメリカ海兵隊員の男が逮捕される
7月 参院選沖縄選挙区で自民党現職が落選。自民は沖縄の衆参選挙区で議席を失う
国が再び沖縄県を提訴
沖縄防衛局、北部訓練場のヘリパッド建設工事を再開

【参考文献】

▽『命《ぬち》かじり—古堅実吉回想録』古堅實吉　琉球新報社
▽『戦後六十年沖縄の政情　自由民主党沖縄県連史』自由民主党沖縄県連史編纂委員会編
　自由民主党沖縄県支部連合会
▽『アメリカの沖縄政策』宮里政玄　ニライ社
▽『アメリカ戦略下の沖縄』朝日新聞安全保障問題調査会編　朝日新聞社
▽『オキナワと憲法—問い続けるもの—』仲地博、水島朝穂編　法律文化社
▽『世替わり裏面史　証言に見る沖縄復帰の記録』琉球新報社編　琉球新報社
▽『この世界の片隅で』山代巴編　岩波書店
▽『沖縄の海図』多和田真助　沖縄タイムス社
▽『回想　笠信太郎』江幡清編　朝日新聞社
▽『平和憲法の深層』古関彰一　筑摩書房
▽『憲法九条はなぜ制定されたか』古関彰一　岩波書店
▽『「平和国家」日本の再検討』古関彰一　岩波書店
▽『沖縄報告』朝日新聞社編　朝日新聞社

▽『反国家の兇区―沖縄・自立への視点』新川明　社会評論社
▽『沖縄・統合と反逆』新川明　筑摩書房
▽『戦後沖縄の新聞人』真久田巧　沖縄タイムス社
▽『知られざる沖縄の米兵』高嶺朝一　高文研
▽『日米関係のなかの沖縄』我部政明　三一書房
▽『幾山河』桑江良逢　原書房
▽『孤児になった沖縄　パスポートから見えてくる戦後』出口富美子　夢譚書房
▽『日本外交への直言―回想と提言』河野洋平　岩波書店
▽『沖縄県史』沖縄県教育委員会編
▽『沖縄県議会史』沖縄県議会事務局編
▽『教養講座　琉球・沖縄史』新城俊昭　編集工房東洋企画
▽『沖縄大百科事典』沖縄大百科事典刊行事務局編　沖縄タイムス社
▽『沖縄タイムスが生きた沖縄戦後史　新聞三十年』沖縄タイムス社史編集委員会編
沖縄タイムス社
▽『激動の半世紀　沖縄タイムス社50年史』沖縄タイムス社編　沖縄タイムス社
▽『琉球新報百年史』琉球新報百年史刊行委員会編　琉球新報社

人名索引

◆——あとがき

日本は今、どこへ向かおうとしているのか。本書を書き終え、そのことを考えています。憲法改正への動きが強まり、その意義が揺ぐなか、国民の議論は十分に深まらないまま、今年2016年夏の参院選で、改正に前向きな「改憲勢力」の議席は3分の2に達しました。

一方、沖縄では2014年の衆院選、そして今回の参院選で、自民党は選挙区の議席を失いました。その選挙の直後、政府は沖縄本島北部・東村高江周辺で計画している、米軍北部訓練場でのヘリコプター着陸帯（ヘリパッド）の建設工事を、人々の強い反対のなかで再開したのです。

沖縄とヤマトを隔てる「乖離《かいり》」がこれほどまでに深い溝となって横たわったことが、かつてあったでしょうか。反対の声を無視して基地建設を進めることは民主主義をないがしろにするものだ――。沖縄で多くの人がそう口にします。政府がやろうとしていることは沖縄の民意に背き、民主主義に反する行為にはかならない、と。

その言葉を聞くとき、別の意味で暗い気持ちにならざるを得ないのです。なぜなら、沖縄での基地建設は、ヤマトにおいては「民主主義」に反しているとは必ずしも言えないからです。大半の「ヤマトンチュ」にとって沖縄の基地問題は関心の外にあり、そのことが投票行動につながることは決して多数ではありません。「外国軍隊の基地」という問題を少数の人々に背負わせていることにすら気づかず、多くの国民はゆとりなく自らの生活を維持している。それがこの国の現状なのだと思います。

沖縄の民意は日々、先鋭化しています。しかしその問題に関してヤマトの側の意識は逆に鈍化しているともいえます。戦後70年余にわたって国の根幹にかかわる問題から目をそむけてきたことの結果が、いま表れているのではないでしょうか。そして「民主主義」の意義とは何でしょうか。

２０１５年10月から4カ月半にわたる新聞連載の執筆中、上丸洋一さん、三浦俊章さん、藤原秀人さん、市川速水さん、小野智美さん、國田裕子さんら朝日新聞社の諸先輩、同僚のみなさんから多くの指摘、意見をいただき、最終回までこぎつけることができました。伊藤レナさん、田仲拓二さんには貴重な批評を頂戴しました。また、書籍化にあたっては高文研の山本邦彦さんにお力添えをいただきました。山本さんの熱意なくして本書の完成はありえませんでした。

そして、取材に協力してくださった大先輩記者、「戦友」記者のみなさん、復帰前を知る沖縄の方々、写真を提供してくださった方々に心からの感謝の言葉をお伝えします。沖縄の現実が続く限り、私たち記者は見つめ続け、伝え続けなければならない。改めてそう確信しています。

２０１６年8月15日

川端　俊一

川端 俊一（かわばた・しゅんいち）

1960 年、北海道赤平市生まれ。早稲田大学を卒業し、1985 年に朝日新聞社入社。長崎支局、西部本社社会部を経て、1994 年、交流人事で沖縄タイムス社へ。1995 年、朝日新聞那覇支局員としてアメリカ兵による「少女暴行事件」を取材し、1997 年からは東京本社社会部で基地問題、防衛問題などを担当。2011 年、東日本大震災の直後から、被災地・宮城県で石巻支局長。2013 年から社会部。共著書に、『沖縄報告－サミット前後』『新聞と戦争』『新聞と昭和』『闘う東北』など。
2015 年 10 月から 2016 年 2 月まで、朝日新聞紙上にて連載「新聞と 9 条－沖縄から」を執筆。

沖縄・憲法の及ばぬ島で
―記者たちは何をどう伝えたか

●二〇一六年九月二〇日――――第一刷発行

著　者／川端俊一
発行所／株式会社 高文研
東京都千代田区猿楽町二―一―八
三恵ビル（〒一〇一＝〇〇六四）
電話　03＝3295＝3415
振替　00160＝6＝18956
http://www.koubunken.co.jp

印刷・製本／シナノ印刷株式会社

★万一、乱丁・落丁があったときは、送料当方負担でお取り替えいたします。

ISBN978-4-87498-603-5　C0036

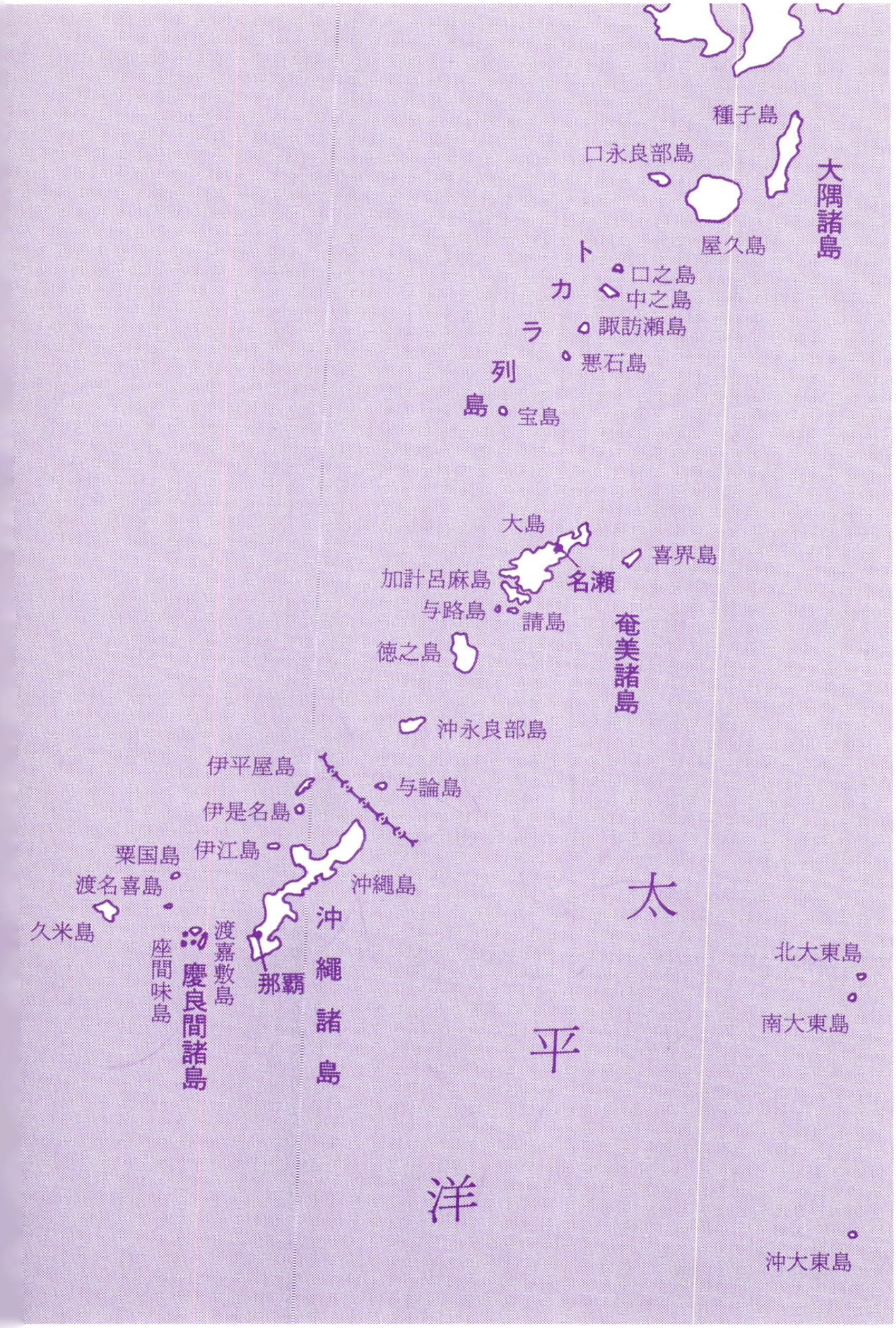

種子島
口永良部島
大隅諸島
屋久島
トカラ列島
口之島
中之島
諏訪瀬島
悪石島
宝島
大島
喜界島
加計呂麻島
名瀬
与路島
請島
奄美諸島
徳之島
沖永良部島
伊平屋島
与論島
伊是名島
粟国島
伊江島
渡名喜島
沖縄島
久米島
沖縄諸島
座間味島
慶良間諸島
渡嘉敷島
那覇
太平洋
北大東島
南大東島
沖大東島